解构智能网联汽车

张永伟 主编

人民交通出版社
北京

内容提要

智能网联技术正在深度重塑汽车产业格局，成为汽车市场竞争的新焦点。本书以此为着眼点，从趋势背景、技术发展、城市协同、产业生态及展望建议五大维度，对智能网联汽车的发展现状及未来趋势展开深入剖析，旨在揭示智能网联汽车发展的中国特色路径，探讨其对未来交通和城市发展带来的深远影响。

本书既可为智能网联汽车领域的政策制定者、投资者、从业者提供极具价值的参考，也可为广大汽车爱好者、科技爱好者提供丰富的知识养分与前瞻性的视野拓展，帮助读者全面洞悉智能网联技术对汽车产业竞争格局的深刻影响，使读者精准把握未来汽车产业的发展动向，更好地融入并见证汽车产业的智能网联变革时代。

图书在版编目（CIP）数据

解构智能网联汽车 / 张永伟主编．—北京：人民交通出版社股份有限公司, 2025.3.—ISBN 978-7-114-20281-0

Ⅰ.U463.67

中国国家版本馆 CIP 数据核字第 2025QB6989 号

Jiegou Zhineng Wanglian Qiche

书　名：	解构智能网联汽车
著 作 者：	张永伟
责任编辑：	李　佳
责任校对：	龙　雪
责任印制：	刘高彤
出版发行：	人民交通出版社
地　　址：	（100011）北京市朝阳区安定门外外馆斜街 3 号
网　　址：	http://www.ccpcl.com.cn
销售电话：	（010）85285857
总 经 销：	人民交通出版社发行部
经　　销：	各地新华书店
印　　刷：	北京市密东印刷有限公司
开　　本：	787×1092　1/16
印　　张：	16
字　　数：	190 千
版　　次：	2025 年 3 月　第 1 版
印　　次：	2025 年 3 月　第 1 次印刷
书　　号：	ISBN 978-7-114-20281-0
定　　价：	99.00 元

（有印刷、装订质量问题的图书，由本社负责调换）

《解构智能网联汽车》

编委会

主　编：张永伟

副主编：师建华　赵泽生　张　健　苏兴宇

参　编：张　强　于渤涵　贾　浩　刘　延
　　　　李亚娟　倪　凯　郭　祎　何　琪
　　　　高海龙　邓福岭　程晓光　施　乾
　　　　张会来　曾玮良　闫薪铭　林超楠
　　　　崔书豪　宋佳辉

PREFACE 前言

汽车行业正阔步迈向智能化、网联化的全新征程,以前所未有的深度和广度,深刻地改变着人类的生产生活方式。在这场重大变革中,汽车不再仅仅是代步工具,亦不再是孤立的存在,而是被赋予了全新的角色与使命——它已然成为人类的移动生活空间、智能出行伙伴,更是与城市智能基础设施、智慧交通系统紧密相连的智能终端。车辆与车辆之间、车辆与基础设施之间、车辆与云端之间的无缝链接,必将彻底变革我们的出行方式,带来更加安全、高效、舒适的出行体验。与此同时,这一变革还将催生出一系列新兴业态,有力推动汽车产业生态的重构与升级,促进汽车产业与其他领域深度融合发展。

近年来,我国智能网联汽车产业实现了创新发展。2011年,我国首次启动车路协同关键技术研究项目,此后国家层面陆续发布《交通强国建设纲要》《智能汽车创新发展战略》等重要文件,并通过"智能网联示范区""车联网先导区"等试点任务,推动车路协同发展迈出坚实步伐。2020年,住房和城乡建设部、工业和信息化部联合组织开展智慧城市基础设施与智能网联汽车协同发展试点(以下简称"双智"试点)工作,先后确立北京、上海、广州等16

个城市参与试点建设,首次系统性推进车路协同向应用范畴更广、融合程度更深的车路城协同方向发展。2024年初,工业和信息化部、公安部、自然资源部、住房和城乡建设部、交通运输部联合开展智能网联汽车"车路云一体化"应用试点工作,将试点城市名单扩容至20个,标志着车路云协同发展迈入城市级规模化部署的新阶段。2024年12月,中共中央、国务院印发《关于推进新型城市基础设施建设打造韧性城市的意见》,将推动智慧城市基础设施与智能网联汽车协同发展列为重点任务之一,体现了国家对车路城协同发展的持续关注与重视。从车路协同到"双智"协同,再到"车路云一体化",我国在智能网联汽车领域的一系列政策创新举措,不仅展现出我国在科技创新与产业升级方面的坚定决心与前瞻视野,也为全球汽车产业的发展提供了新的思路和模式。

《解构智能网联汽车》凝结了作者在智能网联汽车领域的前瞻性思考与研究成果,以独特的视角深度剖析智能网联汽车行业面临的挑战与困境,并给出切实可行的建议与发展路径。本书旨在全面展示我国智能网联汽车行业的发展历程与现状、关键进展与重要成就,系统总结以往经验,深入探讨未来发展趋势及广阔前景,为智能网联汽车领域的决策者、研究者及从业者提供一份极具价值的参考指引,以期共同推动我国智能网联汽车产业蓬勃发展,使其在全球竞争中占据领先地位,为我国经济增长和科技创新注入强劲动力。

本书内容为编者独立观点,仅供参考,不代表其他方的任何观点和立场。由于编者的知识局限性和内容涉及范围的广泛性,书中难免有欠缺和疏漏之处,恳望广大读者提出宝贵意见。

作　者

2024年12月

CONTENTS 目录

第一篇 趋势背景

第一章 智能网联重塑汽车行业格局 / 003

第一节 汽车产业进入深度变革期 / 004

第二节 智能网联汽车成为主战场 / 016

第三节 多要素协同的重要性凸显 / 019

第四节 智能网联发展的三大支撑力量 / 023

第二篇 技术发展

第二章 汽车智能化技术创新 / 027

第一节 数据驱动的端到端智能驾驶方案加速落地 / 028

第二节 大模型在汽车领域的应用与发展 / 032

第三节 国产芯片在汽车上的应用初具规模 / 041

第四节 车用操作系统自主可控 / 050

第五节 车载激光雷达迎来快速增长 / 059

第六节 卫星通信技术应用成新兴趋势 / 063

第七节 汽车算力需求急剧增长 / 069

第八节 车企数据安全能力建设初见成效 / 074

第三章　AI赋能智能网联汽车　/　089

第一节　从自动驾驶到AI汽车　/　090

第二节　AI成汽车智能化决胜关键　/　093

第三节　加快AI赋能汽车发展的建议　/　103

第三篇
城市协同

第四章　从车路协同到车路城协同　/　109

第一节　车路协同内涵外延发生变化　/　110

第二节　"双智"探索的成果与不足　/　111

第三节　"双智"协同迈入车路城协同　/　117

第四节　车路城协同体系逐步完善　/　120

第五节　车路城协同典型应用分析　/　124

第五章　"车路云一体化"的深入推进　/　135

第一节　"车路云一体化"试点背景及内容　/　136

第二节　城市"车路云一体化"建设步伐快慢不一　/　140

第三节　"车路云一体化"落地面临的问题　/　141

第四节　如何跑通"车路云一体化"之路　/　143

第四篇
产业生态

第六章　加快构建智能网联产业新生态　/　155

第一节　汽车智能化向上"内卷"　/　156

第二节　汽车产业生态的定义、特征与主体　/　157

第三节　构建汽车产业新生态的机遇与挑战　/　164

第四节　加快发展智能网联产业新生态的建议　/　166

第五篇　展望建议

第七章　探索中国式智能网联发展之路　/　173

第一节　我国智能网联汽车发展趋势　/　174

第二节　全面推进汽车智能化　/　179

第三节　重视智能网联汽车发展的战略与政策　/　188

第四节　城市发展智能网联汽车的战略和路径　/　195

第五节　推动智能网联汽车与其他产业融合发展　/　201

第六节　发展FSD与车路云融合的新方案（C-FSD）　/　212

第七节　加快推动智能网联汽车立法　/　217

第八节　构建空天地一体化智能网联服务　/　229

第九节　打造聚合型智能产业　推进智能汽车、低空出行、人形机器人产业融合发展　/　235

参考文献　/　243

第一篇 PART 01
趋势背景

第一章
CHAPTER 01

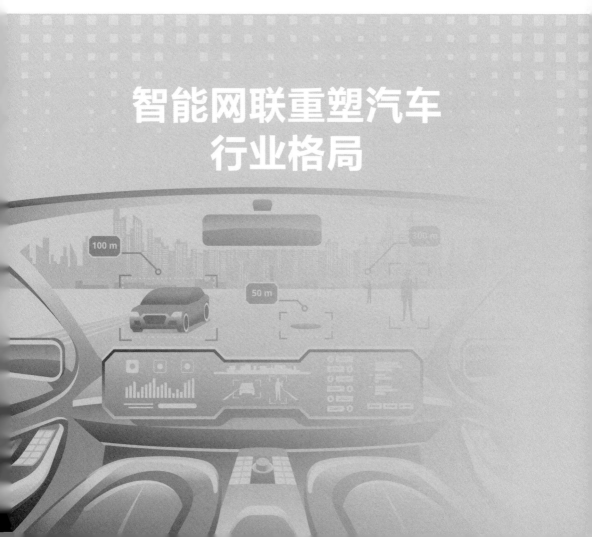

智能网联重塑汽车行业格局

第一节　汽车产业进入深度变革期

一、全球核心汽车市场进入中低速发展阶段

美国、欧洲、日本等国外核心汽车市场已经进入饱和期。以美国为例，其千人汽车保有量达到868辆，近几年千人汽车保有量年均增速不足1%。汽车交易已经由新购转向流通与换购，2023年美国二手车交易与新购车的比例为2.3∶1。全球核心汽车市场所处发展阶段如图1-1所示。

我国汽车市场出口增量加速，但内销增量放缓。2024年1—6月，我国汽车销量为1404.7万辆，同比增长6.1%，增长主要贡献来自出口。1—6月汽车出口279.3万辆，同比增长30.5%，对增量的贡献占比为81%。相比之下，1—6月国内汽车销量为1125.5万辆，同比增长1.4%，对增量的贡献占比仅为19%。同时，宏观经济、消费预期、需求变化等因素也给国内汽车市场的进一步增长带来压力。

宏观经济企稳回升，但未出现V形反弹。我国2024年第二季度不变价格国内生产总值（Gross Domestic Product，GDP）同比增长4.7%，不及2023年同期，更低于疫情前水平；2024年5—8月制造业采购经理指数（Purchasing Managers' Index，PMI）连续4个月低于50%荣枯线，经济修复仍需较长时间。

消费预期偏弱，降级趋势明显。2024年6月消费者信心指数为86.2，低于疫情前水平（120以上）。我国居民财富70%来自不动产，2021年8月至2024年3月，70个大中城市二手住宅价格下跌10.7%。房地产等资产价格的下降使得财富效应减弱，汽车作为重要

第一篇 | 趋势背景

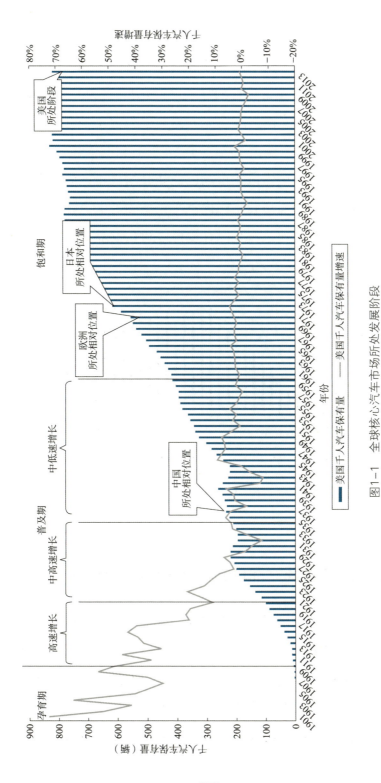

图1-1 全球核心汽车市场所处发展阶段

资料来源：OICA（国际汽车制造商协会），公安部。

005

的消费品，受到宏观消费变化带来的影响。

汽车购买性质和出行方式变化影响拥车观念。一方面刚需购车减少，2024年中国汽车市场首购需求占比46%，到2025年将减少到38%左右。另一方面，网约车、无人驾驶出租汽车推动了出行共享化，出行方式的改变也减少了居民对汽车所有权的依赖。

总体而言，我国国内汽车市场已经从高增长进入到中低增长阶段，预计2030年，内需口径下国内汽车销量为2800万辆左右，保持着1.6%左右的潜在增速，汽车保有量将达到4.3亿辆，千人汽车保有量约300辆（图1-2）。

图1-2　内需口径下我国汽车市场销量预测

资料来源：汽车工业协会，车百智库测算。

二、全球汽车市场产品结构将出现颠覆性变化

2030年全球汽车销量结构将实现油电平衡。预计届时全球新能源汽车销量达到4000万辆，渗透率接近50%。分区域来看，欧洲部分地区和企业的汽车电动化战略发展进程出现延缓，但在欧盟严格排放标准和一些国家补贴政策拉动下新能源汽车销量仍会增长，预计2030年欧盟新能源乘用车销量将达到600万辆，渗透率达到55%；

美国环保署新颁布严格排放标准，加快了新能源汽车普及进程，但市场仍存在一定的不确定性，如果美国汽车市场电动化能够平稳推进，预计2030年新能源乘用车销量也将达到600万辆，渗透率约45%；2030年日本、韩国新能源乘用车市场规模有望达到160万辆；新能源汽车在拉丁美洲与东盟（东南亚国家联盟）等新兴市场的规模也有望超过100万辆。

2030年，我国汽车市场将进入以电力驱动为主的时期。2024年上半年，我国新能源汽车销量494.4万辆，同比增长32%。2024年7月国内新能源乘用车单月零售渗透率首次超过50%，预计到2030年，中国新能源乘用车渗透率将超过70%。其中，插电式混合动力与增程式电动汽车进一步推动了新能源汽车市场增长。2024年上半年插电式混合动力电动汽车（Plug-in Hybrid Electric Vehicle，PHEV）与增程式电动汽车在新能源汽车中占比约为40%，同比增长85.2%，增速高于纯电动车型。2030年插电式混合动力、增程式电动汽车在新能源汽车中的比例有望进一步提高到50%左右（图1-3）。

图1-3 我国新能源汽车及燃油车市场销量预测
资料来源：汽车工业协会，车百智库测算。

❶ 2025E表示该年份数据为预测值，余同。

三、汽车产业的快速转型变革进入深水区

未来五年汽车产业转型将带来更加深远的影响。在上一阶段，转型的速度有快慢，企业的调整有缓急，但整体影响仍可控。随着市场低增长与产品结构颠覆性变化共同到来，汽车产业转型将逐步进入深水区。

这一阶段最主要的特征是两极分化，由于汽车对税收、就业、产业发展有着重要影响，部分国家、区域、企业可能在深水区中走得更远，部分主体可能陷入更为严峻的困局，目前已经出现诸多迹象和表现。

（1）国家层面，战略调整与贸易保护已经出现。欧美国家及其本土汽车企业出于政治因素考量、气候战略调整、产业转型压力大等，放缓了汽车的电动化步伐。英国政府将禁售燃油汽车的执行时间从2030年推迟到了2035年。欧盟迫于部分国家和厂商的压力，同意使用电子燃料（Electro fuel，eFuel）的内燃机车型可以在2035年之后继续上市销售。中国的汽车电动化进程走在全球前列，但也面临国内汽车产业快速变化带来的生产力发展与社会关系适应，以及外部越来越强势的打压与制裁等问题。

（2）区域和城市层面，产业布局调整影响巨大。电动汽车的快速渗透引发城市经济排名的调整，部分城市利用电动化的机遇加速发展，进入新的产业增长期；部分城市在这一过程中未能跟上转型步伐，新能源汽车产能和产业布局跟不上市场节奏变化，汽车产量连年下降，城市的GDP、税收、就业受到显著影响；部分城市由于汽车产量下降，GDP出现几十亿甚至上百亿的缺口。

（3）企业层面，发展节奏和方式频频调整。欧美主要汽车企业短期内难以实现电动化战略与经济利益的平衡，放缓了电动汽车产能扩大和投资计划。福特汽车公司宣布推迟约120亿美元的电动汽车

及蓄电池生产扩能的新投资项目，奔驰公司下调2030年电动化目标并计划推出全新的内燃机车型。与此同时，企业也在积极调整自身策略，如大众公司首次考虑关闭德国工厂，但同步加强在中国的投资、合作以快速补齐电动化、智能化短板。

这个阶段是决定未来产业发展格局的关键时期，如何实现转型、盈利、发展之间的平衡是留给企业的重大抉择，事关企业命运，必须高度关注这一过程之中的战略选择和变革所带来的影响。

四、国内汽车消费性质、消费群体、车型偏好等出现结构性变化

消费性质发生变化，改善型消费将占主导地位。2023年开始我国汽车消费进入增换购为主阶段，占比超过50%。预计到2030年增换购比例将超过60%，汽车消费需求将由过去的"有没有"转向"好不好"。

消费力量发生变化，年轻一代消费者正成为购车主力，对差异化、个性化等需求增加（图1-4）。年轻消费者不仅在手机、电脑等消费电子领域追求与众不同、迭代迅速且富有趣味性的产品，而且将这种消费理念逐步迁移到汽车消费领域，也就是跨界消费。汽车不再仅仅是代步工具，也将成为展现个性与生活方式的重要载体。因此，谁能更早洞察年轻消费群体的变化，率先理解并适应这一趋势，谁就有可能在未来汽车市场中占据主导地位。

消费理念的改变也导致中国汽车市场内部结构性的变化。合资品牌原本在制造与部分技术领域具备优势，但由于对中国市场消费者不理解、不适应，甚至出现研发、经营上的抵触抗拒，因此在中国市场上表现欠佳。例如，近年来，韩系品牌的市场份额已经缩减

至1%；2020年以来，美系品牌的市场份额也由10%缩减到7%；日系品牌市场份额大幅下滑了约10个百分点；即便是欧系品牌也处于市场占有率收缩周期（图1-5）。

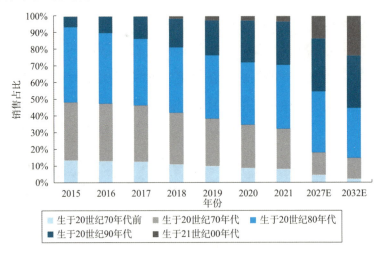

图1-4 我国汽车消费群体演变趋势

资料来源：国家信息中心。

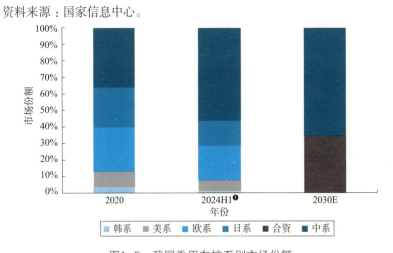

图1-5 我国乘用车按系别市场份额

资料来源：乘用车上险数据。❶

相比之下，我国自主品牌却由弱走强。2024年上半年其市场占

---

❶ 2024H1指2024年上半年。

有率超过56%，逐渐成为新的汽车消费领域的定义者。中国汽车消费文化的不断成熟与演变，将引领国际汽车消费文化的转型。

五、全球汽车竞争格局正在被重塑

中国新能源汽车的发展正在重塑全球汽车工业格局，中国车企将快速崛起，很可能由过去的追赶者、跟随者演变为行业的引领者。预计到2030年，全球销量前十大车企中将出现更多中国车企的身影。

保守情景，占据2~3席。在中国自主汽车品牌维持当前国内50%和海外7%市场占有率的情况下，随着全球汽车市场规模的增长，预计到2030年，中国车企有望在全球前十大车企名单中占据2~3个席位。

稳步发展情景，占据3~5席。在中国自主品牌汽车在国内外市场占有率稳步增长并通过新能源汽车出口建立海外优势的前提下，如果国内市场占有率达到60%~75%，海外市场占有率达到10%~20%，预计到2030年，中国车企有望在全球前十大车企名单中占据3~5个席位。

乐观情景，市场占有率会更高。中国车企的新能源汽车和燃油车均在销售地建立起本土供应链，实现成本和技术优势，通过海外深度合作打开全球市场。这种情况下，中国车企在全球排名前列的车企数量或将更多，汽车销量、市场占有率也将更高。

六、中国汽车行业将经历一系列整合与重组

未来五年，汽车产业将进入整合重组阶段。行业将从过去以增量为主的浅水区，进入以存量为主的深水区。这个阶段并购、重组将越来越多。对于车企来说，越早进行整合成本越低，收益最大；越早将困境资产纳入重组过程中，风险越能提前释放，代价越小。

车企想在这一阶段成为整合者,需跨越多重门槛。

一是规模门槛。年生产、销量达到百万辆级别,是新能源车企实现可持续发展的基础,企业必须有足够的规模,否则很难去进行整合,即使整合了也很难消纳。

二是技术能力门槛。技术能力的构建不仅是企业自我保护的护城河,更是对未来并购与重组的强大支撑,企业需在研发上打破传统的投入比例限制。以韩国三星为例,其在全球产业重组中采取逆周期扩张策略,即大幅增加研发投入,采用超常规的发展模式,在逆境中收购企业,最终确立了行业领先地位。

三是速度门槛。在整合阶段,市场遵循"快鱼吃慢鱼"的法则。汽车行业的IT(信息技术)化趋势日益明显,新能源汽车企业的新产品开发周期已经提速至18~20个月,进入摩尔时代。市场淘汰进程加快,掉队企业面临着转型、重组、破产淘汰三条出路,这将成为未来几年比较普遍的现象。

七、企业竞争力发生快速迁移

汽车产业企业竞争正在进入快速迁移阶段,过去"一招鲜吃遍天,一款产品打天下"的竞争模式,不再适应当下快速迭代、快速变化的时代,行业呈现竞争加速、技术和投资门槛升高的特点。从企业竞争力迁移的阶段来看,大致可分为以下三个阶段。

第一阶段:电动汽车。过去十年汽车产业加速向电动化迁移,行业主要关注充电补能效率及范围、动力蓄电池创新及续驶里程等方面。但随着电动化成为汽车行业基本能力,且不再能够决定产品的差异化水平,其边际效益快速下降。

第二阶段:智能汽车。由于智能化更有利于打造差异化,汽车行业竞争正在向第二阶段以智能驾驶、智能座舱、智能底盘等智能功能为主的竞争体系迁移。但由于车企在智能化领域积累不足，依靠自身很难实现跨度如此之大的硬迁移，需要依赖信息与通信技术（Information and Communications Technology，ICT）、互联网、消费电子等科技赋能。

第三阶段：人工智能（Artificial Intelligence，AI）汽车。当下，随着汽车产业与人工智能深度融合，行业面临新的一次代际升级，竞争要素又转移到大模型、大算力、大数据等领域，行业正加速进入第三阶段以AI化为主的AI汽车新阶段。在智能驾驶领域，特斯拉完全自动驾驶（Full-Self Driving，FSD）引领的数据驱动型端到端智能驾驶，正在颠覆过去以人工规则驱动的传统智能驾驶开发范式；在智能座舱领域，大模型能使传统语音交互升级到多模态交互，显著提升用户体验，而且能更好地实现个性化迎宾、美食推荐、盒式磁带录像机（Video Cassette Recorder，VCR）拍摄、AI导游、车控大师、AI律动、多媒体搜索增强等"好玩"应用。

八、企业盈利能力发生分化

外资主流车企处于燃油车盈利阶段，但利润在收窄。当前海外市场依然以燃油车为主，外资主流车企50%以上的汽车销量集中于欧、美、日、韩等发达国家和地区市场，同款车型海外市场售价比中国市场高出40%~120%，短期内依然依靠燃油车赚取高额利润。但由于燃油车需求增速放缓、汽车电动化转型等因素，企业利润收窄趋势已经显现。2023年美国通用汽车净利润率5.89%，相比2021年缩减了2%；福特汽车缩减比例更是达到10%。未来，如果大型传统汽车企业电动化转型不成功，其盈利能力将受到重大考验。

中国车企已进入盈利转换期。目前燃油车利润触底或开始亏损，新能源汽车大规模投入但暂未形成规模经济。随着新能源汽车市场快速渗透，部分企业会进入盈利期，并且在单车利润和净利率等方面高于传统燃油车。比亚迪净利率达到5%，与大众、通用等外资主流车企接近持平，理想汽车的净利润率和单车利润分别达到9.14%和3.14万元，远超具有绝对市场优势的欧美主流车企。未来几年将会有更多中国车企从目前的相持阶段进入盈利分化阶段，越来越多的新能源智能车企将跨越盈利拐点。

当前汽车企业的竞争力不仅体现在营收能力上，更重要的是企业价值。企业市值是资本市场向投资者给出的定价，是一个企业是否具有发展潜力的最直接体现，大众的营收是特斯拉的3.5倍，但特斯拉的市值是大众的5倍，特斯拉的单车利润和净利润率也远远超过其他车企。高价值的企业将以新锐企业为主，这类企业一般都具有新能源、自动驾驶等高科技能力和产品，例如特斯拉、比亚迪等。

九、汽车产业价值链在发生变化

以动力蓄电池、半导体芯片、软件为代表的新兴零部件正在重新定义汽车产业链价值。新兴零部件企业凭借跨行业的专业技术优势，通过与整车企业建立新的合作关系，深入参与并主导汽车产业价值链，已显出了远超整车的盈利能力，具有高市值、高增长、高盈利的"三高"特征。尤其以半导体和软件为代表的欧美科技型企业，其税前平均利润率普遍超过30%，市值普遍超过万亿美元。目前人工智能芯片领域领先的英伟达市值已是英特尔的几十倍。

传统零部件进入收缩期。以燃油动力系统为代表的传统零部件企业受盈利模式透明、电动化转型滞后、需求缩减等因素的影响，处于较低的盈利水平，以发动机、变速器、传动系统等为主的主流传统供应商平均利润率不足5%，与新兴零部件企业的盈利差距巨大。

新兴零部件和科技型企业具有"三高"特征，传统零部件和整车企业则呈现出"三低"特征。企业应该重点关注具备发展潜力的新兴零部件。

十、汽车产业区域布局向消费地和人才地转移

过去汽车产业集群的形成主要依赖成本优势和相对完整的供应链。在全球范围内，北纬35°~40°之间是传统汽车产业最为集中的区域。然而随着时代的变迁，汽车产业的格局正向人才、市场和物流等新要素集中的地区聚集。

未来中国汽车产业空间布局将围绕消费力、人才集中度和产能三大要素展开，或将出现南迁趋势，长江经济带将是汽车产业的重要集聚地。以东北传统汽车工业区与长三角地区的对比为例，吉林省人口密度是长三角地区的近1/5，60岁以上人口占比23%，人口老龄化导致消费力进一步下降；人才方面，吉林省每10万人拥有大学文凭人数为1.6万人，较长三角地区低20%；物流领域，吉林省运输机场6座、铁路运营里程0.52万km，远低于长三角地区。

十一、汽车生产与组织方式正发生变革

汽车的生产方式与产业组织方式正在发生变化。生产方式上，制造环节正转向高科技驱动，新技术应用在进一步降本增效；产业组织方式上，供应链将与生产方式网状共生、高度协同，企业核心竞争力将更多转向供应链资源整合能力。以特斯拉为例，其生产有

四个显著特点：

（1）空间布局极致效率，通过优化生产线设计和实施立体化布局来实现单位面积产出最大化；

（2）工艺大胆创新，如率先采用一体化压铸技术，改变了传统汽车制造的理念；

（3）实用型数字化应用，其数字化团队与生产工艺团队紧密协作，确保了数据真正服务于生产改进；

（4）共创型供应商关系，其建立了300~400人供应链团队专门负责供应商优化提升，直接对接Tier2（二级供应商）甚至更上层零部件企业，不仅能深入理解、快速整合供应链资源，还能实时监测和优化供应链运作。

未来中国汽车的生产方式将加速科技在制造领域的融合与产业组织革新。制造环节通过导入新材料、新工艺、新技术，成为科技创新驱动关键领域；供应链网络集成能力，将是未来产品研发和推动技术创新的核心驱动力，企业需迅速识别并整合全球顶尖的供应链资源。汽车制造最终将走向专业化、代工化，诞生专业化汽车代工服务商，形成类似手机代工的制造模式。

第二节　智能网联汽车成为主战场

一、发展智能网联汽车既是战略选择，也是产业发展与社会发展的需要

（1）国家层面，发展智能网联汽车是汽车强国的战略选择，

也是实现交通强国、制造强国、科技强国、网络强国的重要途径。产业层面，智能网联汽车的发展意义已超出汽车本身，随着物联网、云计算、信息通信等技术与汽车产业的融合，汽车对诸多技术的创新和发展形成强大拉动力，已经成为我国推进现代化建设的先导性产业。据行业测算，到2030年，智能网联汽车将带动车端新增产值2.8万亿元，并同时带动形成无人出租汽车、无人货车等多个万亿市场。

（2）社会层面，智能网联汽车可赋能智慧出行和智慧城市，解决拥堵、交通事故、节能环保及城市管理问题。据统计，普及应用自动驾驶能减少90%以上人为原因产生的交通事故，提高30%以上的交通效率和带来3倍的道路承载能力，自动驾驶状态下还可以降低10%的油耗。

二、电动化在汽车革命"上半场"成果显著，而智能网联将是汽车革命"下半场"的决胜关键

在电动化"上半场"，我国通过换道先行取得先发优势，新能源汽车销量占据全球新能源汽车销量的一半以上，并已连续9年位居全球首位。2023年我国新能源汽车占世界新能源汽车市场份额63.4%，2024年1—6月保持64.5%的市场份额。进入智能化"下半场"，产业涉及面更广、技术复杂度更高，如何重塑汽车产业链、供应链和价值链，甚至改变产品属性将是竞争的焦点和重点。我国要巩固新能源汽车发展的先行优势，需要在电动化基础之上加快布局智能化，实现电动化与智能化"两化"并行发展，甚至加速转向智能化以形成新的竞争力，才可能继续保持领先。

三、汽车智能化发展提速，并将成为主战场

2023年，全球L1（驾驶辅助）、L2（部分驾驶自动化）智能驾驶汽车销量分别约为2814万辆、2364万辆，渗透率分别约为43%、35%。近年来，我国L2及以上辅助驾驶汽车的渗透率也呈快速增长之势，由2021年的23.5%迅速攀升至2024年上半年的55.7%（图1-6）。更高级的领航辅助驾驶（Navigate On Autopilot，NOA）正进入发展快车道，一些领先的造车新势力企业已纷纷量产NOA，2024年支持高速公路和城市NOA车型销量已超过120万辆，预计2025年将达到300万辆以上。芯片、操作系统、感知器件、智能座舱等的竞争会越来越激烈，大模型、大算力等新技术与汽车更加紧密地结合，未来不具备智能化的车型将不具备竞争力。

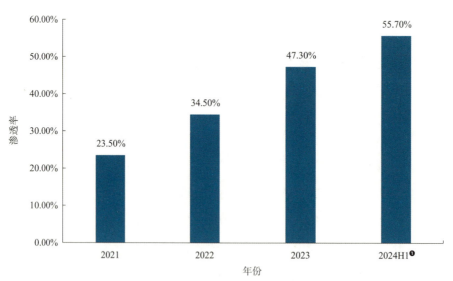

图1-6　2021—2024年上半年中国L2及以上辅助驾驶汽车渗透率

资料来源：工业和信息化部，车百智库研究院整理。

❶ 2024H1指2024年上半年。

四、汽车行业将依托智能化形成一条新的数据产业链

汽车数据类型将大幅增多、数据规模将大幅增大。根据测算，2025年，L2级及以上智能网联乘用车年产生数据量超过万EB（1EB=1048756TB）。利用好这些数据，能帮助企业智能产品技术迭代、生产制造数字化发展、盈利结构转型升级等。集数据、新科技于一体的汽车数据业态正逐步形成，推动着汽车数据从辅助角色变成价值塑造者。预计2030年，汽车大数据产业市场规模有望达到6000亿元。

第三节　多要素协同的重要性凸显

在汽车智能化的演进历程中，长期以来存在着一种"单兵独战"的固有发展模式。在这种模式下，车辆自身被当作绝对的主导力量，汽车制造商与相关研发机构往往将绝大部分精力与资源倾注于车辆本身的智能化构建之上，全力提升车载智能系统的性能。从优化车辆的感知能力，如不断精进车载传感器的精度与探测范围；到强化车辆的决策机制，如通过研发更强大的芯片与复杂算法来实现；再到完善车辆的控制环节，期望单纯凭借车辆内部的智能化升级带来高度智能的驾驶体验与实现各种智能应用场景。

相较而言，中国在智能网联汽车发展方面具有三大领先优势：一是全面覆盖、高效稳定的网络基础设施，为数据的实时传输与处理提供了坚实的基础；二是自主可控、精准定位的北斗卫星导航系统，不仅增强了车辆的导航精准度，还为车路协同、智能调度等高级应用拓展了新路径；三是布局周密、功能多元的路侧基础设施，

涵盖各类先进的感知设备，它们如同智慧城市的神经末梢，实时捕捉并分析道路信息，为智能网联汽车的决策提供关键的数据支撑，弥补单车智能发展的"短板"。当然，若要将这些智能网联的核心支撑真正切实有效地加以整合，就需要各方携手共同构建一个完备的系统，实现一个大型系统工程的精心设计与稳步推进。因此，达成有效整合以及多要素协同，是汽车产业在完成电动化进程之后的"下半场"竞争中，最为关键且重要的一项工作。

多要素的协同首先聚焦于汽车如何在系统中发挥其作用。如今对汽车提出的最重要的要求如下：

（1）车。需明确智能网联汽车对道路、网络以及算力的需求清单和需求演进图。车是牵引方，也是需求的发布者。

（2）道路。以往是道路建设先于汽车的发展，然而，在智能网联汽车时代，两者需更为紧密地协同演进。因此，需要更科学地规划道路基础设施的建设，制订详尽的建设标准与升级迭代路线图，确保道路能够率先具备与汽车协同作业的能力，为车路协同的实现奠定坚实基础。

（3）通信网络。过去，高等级自动驾驶与车网之间的潜在冲突常被提及。然而，随着技术的进步，远程网络与近距离网络、公网与专网的融合，正逐步展现出支撑未来不同等级自动驾驶发展的潜力。因此，深入理解车网关系，探索两者间的和谐共生之道，对于推动智能网联汽车的发展至关重要。

（4）算力。算力是支撑智能网联汽车运行的关键资源。需精准测算不同等级自动驾驶车辆在不同规模道路建设下的算力需求，以便为车路城协同系统及时配置充足的算力资源。如此，方能在汽车实现自动驾驶的过程中，确保算力不会成为制约其发展的瓶颈因素。

（5）城市。城市作为智能网联汽车应用的重要场景，其基础数据资源的提供对于推动汽车进入网联时代具有不可估量的价值。这包括但不限于数字化地图的精准构建、公共基础设施的数字标识等，这些资源均可深度融入智能网联汽车的驾驶决策过程中，为自动驾驶的精准执行与智能优化提供有力支持。

能够如同我们发展电动汽车一样，将车、路、网、计算、数据这些中国特有的支持智能网联发展的优势条件，从一开始便有机地整合起来，形成一个系统工程，予以同步推进，将是我们在汽车产业革命"下半场"竞争中实现中国智能网联发展的一条最有效路径。

实现多要素协同，第一个关键是标准问题。目前标准存在以下几个问题：一是在基础设施方面，城市间及不同的区域间的标准不统一；二是汽车与基础设施之间的标准统一进程也非常缓慢，标准的不统一严重制约了车路、车城协同的发展；三是不同设备之间的标准也存在差异，导致一个企业的设备无法与其他设备兼容，使得许多城市的项目受到不开放设备商的影响，阻碍了下一步的功能迭代。建立一个互联互通的标准体系，破除设备之间的壁垒，消除区域间的分割，打破跨行业无法联通的障碍，是实现多要素协同的关键。

第二个关键是要打造一个新质运营商，让"大协同"具有一个最有力的市场化支撑主体。由于基础设施投入巨大，网络运营专业化要求非常高，各种技术迭代的速度又非常快，所以实现有效协同必须有一个既懂网络运营、懂商业创新，又能够深度理解技术迭代的专业化新质运营机构。传统的运营商具备了网络运营能力，城市平台公司具备了基础设施投资能力，设备企业具有技术迭代或者理解能力，需要将这三个能力、三种不同的主体组织起来，打造一个新的运营机构，没有这样的专业机构支持，协同就会失去市场化发展的基础。

第三个关键是管理与服务。当众多要素在一个系统中实现协同，管理与服务的要求就变得越发苛刻，甚至极为迫切。从管理的角度来看，过去我们善于管车，未来也要善于管理各类设施。因此，将具备不同智能网联功能的汽车以及不同设备纳入监管范畴，显得极为必要，如此方能确保协同能够在安全框架内运行。然而，实现协同的关键不单基于监管层面的安全保障，还在于能够为不同的协同要素提供各类服务。因此，在实施监管的同时要构建一个服务功能，为不同参与者提供基于网联的数字化服务。构造一个既包含监管、又具备服务的城市级，乃至更大区域级的综合性智能网联平台，是支持协同的一个关键环节。

要实现协同，基础设施的建设务必要基于科学、立足于实际需求。脱离实际需求的基础设施建设，往往容易造成资源的浪费；失去科学性的基础设施建设，容易被单一企业、单一技术实现路径所绑定或者受利益相关方牵制。因此，如何去建设一个支持协同的道路基础设施，就变得极为关键。

在协同过程中树立信心也非常关键。越是复杂的事情越需要一些效果明显的突破口，以建立大家推进系统创新的信心，这就需要我们建立或者落实核心的应用。在汽车方面，最好的体验包括智慧的出行和智慧的公交，体验好、建设快，能够帮助车企或驾驶员建立信心。在交通管理方面，通过系统的设计减少交通事故，在一些特定区域，使我们能够尽快见证高等级无人驾驶落地。因此，围绕有人驾驶的应用，交通事故的减少以及远期示范和早期落地，这些应用可以作为推动系统创新的一个突破口，从而树立行业发展信心。

第四节　智能网联发展的三大支撑力量

一、电动化是第一支撑力量

在技术方面，电动汽车具备更适合智能化发展的电能供应，车载电能系统能够支撑更多的智能化功能运行。同时电动化使得汽车的电子电气架构从分布式架构向集中/中央式架构转变，让汽车更容易接入并获得智能化技术，加速汽车智能化发展。另一方面，智能化又让电动化走得更远。智能驾驶、智能座舱等丰富的智能化功能已成为消费者选购新能源汽车的重要因素，进一步提升了新能源汽车的渗透速度，二者是相互促进的关系。此外，电动化阶段培育了功率半导体、动力蓄电池、智能底盘等创新主体和自主品牌，形成创新产业链，并提升了用户接受度、培养了用户消费习惯，这些有利因素是发展智能化的第一支撑性力量。

二、信息通信是第二支撑力量

我国在信息通信领域形成了一定规模的基础性力量和创新性力量。一方面，全球前十大手机品牌国内品牌占八席，出货量占全球的50%以上，华为、紫光展锐、中兴、联发科等手机芯片企业具备智能座舱主控芯片供应能力。另一方面，我国手机生态具有一定规模，2024年，中国软件开发者超过940万，全国范围内共收录的Android应用数量达到467万款，iOS应用数量为308万款，两者合计总数为775万款，为手机生态移植汽车车机提供了丰富的应用基础。

同时，我国5G网络实现了所有地级市全覆盖，截至2024年11月底，我国5G基站总数达419.1万个，已实现"乡乡通5G"，为车路云一体化发展奠定了网络基础。将大量5G通信基础设施及华为、中兴等企业的信息通信技术体系和力量导入汽车领域，相当于完成了智能化的关键一步。智能汽车发展不是在汽车产业自身发展出智能化力量，而是将过去在汽车产业之外已有领先优势的通信技术带入汽车行业。这样既能解决通信行业自身发展的天花板问题，也能为汽车智能化提供足够支撑，这是我国的优势，也是两个产业发展的必由之路。

三、大数据、大模型与人工智能是第三支撑力量

当前我国设备算力总规模超过300 EFLOPS（Exa Floating Point Operations Per Second），大数据产业快速发展。国内大数据企业现已接近5000家，大数据产业规模接近1.6万亿元。大模型产业同样快速发展，2019年以来，国内企业发布的大模型数量达到79个，位居全球第二，进入了世界第一梯队。人工智能、大数据、大算力等汽车之外的新兴力量与汽车产业融合，能显著加速智能座舱、智能驾驶迭代，也是未来实现自动驾驶的希望所在。

第二篇 PART 02

技术发展

第二章
CHAPTER 02

汽车智能化技术创新

第一节 数据驱动的端到端智能驾驶方案加速落地

一、数据驱动的端到端智能驾驶方案正在颠覆智能驾驶技术体系

智能驾驶的核心挑战在于解决无穷无尽的边缘场景（Corner Case），既有模式下智能驾驶任务实现主要依靠工程师编写代码（手工模式），以有限人力解决无限长尾问题，时间成本难以估量。而在数据驱动的端到端方案下，任务实现将变为基于数据迭代模型（机器模式），技术上限和迭代速度指数级提升，有望跨越高等级自动驾驶的安全性和体验鸿沟。

二、以特斯拉FSD为代表的端到端方案进入商用落地阶段

特斯拉FSD的创举在于真正实现了数据驱动。智能驾驶任务可以通过规则算法和模型两种方式完成，前者由工程师人工定义规则（工匠模式），后者基于数据训练迭代（机器模式）。

考虑智能驾驶的核心挑战是解决无穷无尽的边缘场景（Corner Case），以有限人力解决无限长尾问题的成本和时间难以估量，数据驱动、模型化成为必然趋势。通过训练环节的算力、数据、工具

布局，推理❶环节的端到端全模块神经网络化❷，特斯拉FSD真正实现了数据驱动，其技术上限❸、迭代速度❹和拟人化程度❺均得到了指数级提升。

2021年起，特斯拉基于自研芯片、BEV+Transformer算法、Dojo算力平台打造FSD方案。2021年7月起，FSD V9 Beta版本开始小范围测试。2023年，FSD Beta V12版本开始采用端到端方案测试。2024年3月，FSD Beta V12版本正式在北美地区范围内全量推送，特斯拉端到端自动驾驶率先进入商用阶段。

三、端到端不仅是单点技术突破，更多的是体系化的实现

数据驱动体系下，算法是决定上限的"菜谱"，云端算力是"燃料"，数据是"食材"，工具是"厨具"，共同决定企业智能驾驶技术水平。特斯拉在算力、数据、工具、算法层面进行了全方位布局，形成了一定的先发优势。

（1）算力方面，特斯拉2024年第一季度算力是35 EFLOPS，远超国内企业，且仍在快速扩张，年底特斯拉要达到100 EFLOPS，这个算力规模仅芯片采购成本就达到了30亿美元。而国内企业由于受

---

❶ 即智能驾驶功能运行环节。
❷ 传统模块化方案将智能驾驶算法划分为感知、预测、决策、规划、控制等模块，只在感知环节使用模型，其余的模块由人工定义规则。
❸ 模块化方案下，感知、预测、决策、规划、控制等任务独立开发，需要多个阶段的数据处理，各阶段误差积累影响决策结果。端到端模型打通各个模块，能够有效减少误差累积和信息传输损失。
❹ 例如特斯拉FSD V12 99%的决策由神经网络直接生成，人工编程的C++控制代码由30万行缩减至3000行，从V12.3.1到V12.3.5的四个版本迭代仅用15天，而在人工编程模式下，迭代周期需两个月以上。
❺ 人工编辑的规则代码本质上是用数学/几何计算的方式判断人类驾驶员的动作和意图并应对，确定的规则和精确的控制参数，导致车辆动作机械化、不拟人。端到端实现了决策、规划、控制环节的神经网络化，用学习特征取代了机械的计算，且能够直接学习从感知到控制的完整驾驶策略，从而获得更加拟人的效果。

美国芯片封锁，要达到同样算力需要付出的成本更高，单个企业很难负担。

（2）数据方面，特斯拉拥有高质量训练数据。截至2023年9月，FSD V12就已经收集并学习了1000万个高质量驾驶视频片段（clips）。特斯拉首席执行官马斯克表示，完成一个端到端自动驾驶的训练，100万个、分布多样、高质量的驾驶视频片段"勉强可用"；200万个驾驶视频片段，稍好一些；300万个驾驶视频片段，就会感到惊喜；1000万个驾驶视频片段会达到"难以置信"的效果。如此规模的数据仅采集成本就需要25亿~40亿元人民币。国内主流厂商在同期尚处于百万clips级别。

（3）数据闭环工具方面，特斯拉数据闭环和模型训练工具有先发优势。高质量数据需要大量采集、处理工作，但马斯克曾表示，能用来训练的优质数据占比不到1%。理想汽车通过评分选出3%的熟练驾驶员数据做训练。工具（数据采集/处理、标注、模型训练、仿真测试）决定效率。特斯拉的工具体系有先发优势，并且真正经受过百万量级车辆验证。例如2016年最早落地影子模式，打造数据采集的标杆方案，2021年特斯拉率先实现4D视频标注（减少同一时间段内图片的重复标注），2022—2023年已可以处理PB（数据存储单位，全称为Petabyte，1PB=220GB）级数据，实现小时级模型迭代。

（4）算法模型方面，特斯拉端到端方案的技术和落地进展较快。端到端架构可分为四阶段：感知模型化、决策规划模型化、模块化端到端、一体式端到端。国内落地架构处于第二阶段向第三阶段演化期，即感知、决策规划模块分别实现了模型化，但模块化仍以人为定义的接口来传递信息。而特斯拉在2023年11月落地的FSD V12.3达到了第三阶段模块化端到端，即在各模块模型化的基础上，实现模块间可导向量的无损信息传递。

四、促进端到端技术发展的建议

（1）探索智能驾驶关键要素行业共建机制。

①搭建全国性智能算力平台，统筹评估算力需求规模，建设共享智算中心，搭建灵活算力调度机制，完善算力生态建设，补贴算力使用成本。

②探索数据共享机制，通过将车路云数据集开源的方式吸引车企和解决方案商开发车路云应用场景，支持车企合作共建数据平台，避免数据重复采集造成的资源浪费。

（2）加快完善无人驾驶发展的保障体系。

①加快修订《中华人民共和国道路交通安全法》，为无人驾驶创造合法上路条件。

②加快出台汽车数据管理细则，细化汽车数据管理要求，促进汽车数据在有效管理基础上进行有序流通和使用。

③创新无人驾驶监管方式，确保有人驾驶和无人驾驶混行状态下的交通安全。

④完善无人驾驶测评标准和方法，准确评估无人驾驶技术水平和安全隐患。

（3）加强高端AI人才培养与引进，打造新型智能汽车人才集群。

数据驱动时代，智能汽车人才需求的数量和结构发生变化。应描摹新时代下智能汽车人才画像，盘点并建立人才库，实施新型智能汽车人才倍增计划，为高校、企业引进尖端AI人才提供配套支持，鼓励高校加强AI大模型和汽车领域交叉学科建设，培育复合型人才。

第二节　大模型在汽车领域的应用与发展

伴随电动化和智能化跨越式发展,汽车已经成为前沿创新技术的最佳集成器。探索大模型的应用,汽车行业具有引领性示范作用。

一、大模型对汽车智能化发展的价值正在凸显

汽车是大模型应用探索的绝佳载体。电动化和智能化的跨越式发展,使得汽车在机械属性基础上增加了科技属性和消费属性。未来评价汽车主要关注的是其技术创新和产品创新的"价值",是其能否充分承载大模型的技术特性和优势。另外,汽车的全生命周期包括研发、生产、销售、使用等众多环节,涉及大量数据和复杂决策过程,应用场景丰富,这为大模型的应用落地提供了广阔空间,具有显著的示范性与引领性。

大模型将推动汽车成为超级智能体。大模型以算力为基础、数据为资源、算法为放大器的技术范式具有马太倍增效应,已经产生出智能涌现的特性,可以在自动驾驶、智能座舱等多方面提升汽车的智能化水平,且能快速迭代,带来新的价值增量。例如,特斯拉FSD V12率先使用端到端技术并实现数据闭环,人工代码由300000行缩减至3000行,从V12.3.1到V12.3.5的四个版本迭代仅用15天。

大模型甚至有可能推动智能驾驶汽车变革为"人工智能汽车",成为超级智能体。大模型让汽车能够不断从周围环境中积累数据并自主改进和优化自身表现,主动适应各种驾驶环境和交通状况,提高驾驶的舒适性和安全性;也可以帮助汽车理解人类的语言

和手势，并通过语音、灯光或屏幕等方式与人类进行高效沟通。

大模型以革命性的方式改写汽车全生命周期的价值创造。大模型将会颠覆汽车行业原有的生产方式，重塑整车设计研发、生产制造、市场营销、售后服务、供应链等各个环节，推动整个制造链条的产业化、数字化升级。

（1）拉近了用户与车企之间的关系。大模型会成为车企直面用户的流量入口，帮助车企在需求定义、用户运营、产品升级等各个环节，抓取每一个用户的个性化需求，从而提供千人千面的产品迭代和服务拓展。

（2）汽车的设计与生产方式也得到了革新。目前小鹏、蔚来等车企30%以上的软件依赖于大模型自动生成。此外，大模型还为科技公司赋能汽车产业增加了一条清晰可行的路径，进一步促进了人工智能、信息通信等技术与汽车产业的融合，加速产业格局重塑。

二、大模型已开始在汽车全生命周期落地应用

（1）大模型能够重构自动驾驶技术架构并产生常识性思维，提升自动驾驶的智能性与安全性。

基于机器视觉的自动驾驶更多关注的是感知精度、长尾问题等，但实际总会出现未知的场景，让汽车的智能化停留在辅助驾驶阶段。借助Transformer神经网络，自动驾驶分模块的小模型可以集合成一个全栈神经网络的大模型，减少从传感器到执行器的信息损失。神经网络参数达到百亿时，训练精度就会非常高，并能够通过学习海量数据无限逼近人类驾驶行为，以解决智能驾驶的智能性、安全性不足等问题。

未来，大模型基于涌现效应形成常识思维，能够让汽车成为真

正的智能体。模型通过对海量数据的学习，对世界形成全面的常识性理解，并超出绝大多数人的片面认知。车辆行驶时模型判断出错的概率比普通人低得多，选择安全方案的概率更高。例如，应用大模型的汽车行驶中能够区分出"可以撞"的塑料袋和"不能撞"的石头。

（2）多模态、个性化交互提升座舱智能化体验。

①人机交互方面，大模型将传统的基于内容匹配规则的交互方式，转变为自然语言交互模式，提升了交互的自由度、真实性。使车机智能助手对驾驶人的交互意图理解得更加准确，驾驶体验更自然、更人性化，甚至能够实现电影《钢铁侠》中人工智能管家贾维斯的效果。

②车机应用方面，随着人车交互设备的车机屏幕越来越大，人工设计车机壁纸成本较高，利用大模型可以快速生成质量比较好、千人千面的壁纸，使车机壁纸常用常新。也可以利用大模型依据音乐的意境自动生成MV（音乐短片），给驾驶人创造全新的视听体验。

③此外，大模型还可以打通第三方信源，与导航地图、手机互动，提升本地化生活服务体验。

（3）大模型可以重构自动驾驶数据工具链、生成数据资产。

①大模型能够提升海量数据的自动化标注效能。以视频标注为例，先用海量未标注的数据预训练一个大模型，然后用少量已经人工标注好的数据对模型进行微调，使得模型具备检测能力，实现自动标注过程。这样就避免了人工处理效率低、数据一致性差等问题，后续也可以通过"自动标注+少量人工查缺补漏"的方式，提升数据利用的有效性。大模型还可以将视频高效地提取出来，形成文本并完成多模态的检索。项目管理人员直接采用文本对话方式，就

能把想要的所有视频检索出来，实现异构数据的精准、快速定位。

②大模型能够合成数据并生成场景。在真实场景数据基础上，通过改变视角、光照、材料纹理、材质等方法生成各种高真实感数据。不仅可以将已有的轿车数据复用到新的SUV（运动型多用途汽车）车型上，通过视角变化模拟变道、绕行、掉头等各种车辆驾驶行为，加速产品快速迭代；还可以基于已有道路采集数据，模拟交通参与物、车道、天气、路面的变化，生成新的场景数据，解决数据获取难、训练数据和仿真数据不足等问题。

为保证数据的可控性，可将3D结构、环境、运动、物理规律等约束条件加入仿真引擎里，再对合成数据进行仿真校正，能够降低因大模型"幻觉"问题导致的数据可靠性不足问题。

（4）把控消费者需求，实现精准营销。

基于大语言模型的语义理解和文本生成能力，可统计、分析社交网站、App、企业侧智能终端等多维度数据，从底层优化营销策略，这也是最为成熟的应用场景。目前智谱华章、华为云等企业的大模型，已经在多家车企中得到应用。

①销售话术层面，可自动提取客户标签，并针对性开展话术辅助，以提升销售管理精细度、线索转化率、社区活跃度等。例如，智谱华章的ChatGLM大模型可结合智能工牌，实时检测、分析销售人员是否存在不当言论或误解客户需求，也可以作为销售话术的辅助与陪练，帮助销售人员提升转化率。

②用户画像方面，可以分析用户浏览记录、购买历史、社交媒体活动等数据，来提取客户的特征标签，如年龄、性别、兴趣、购买偏好等，以准确地了解客户需求和期望。在此基础上，也可为用户个性化推荐汽车产品或服务。将上述数据进行统计并输入基于数学规则的预测模型，还能帮助开展营销洞察、销量预测、库存优化

等，反辅企业制订车型开发计划、生产排期等经营策略。

③舆情分析方面，可以帮助企业分析社交媒体、论坛等渠道上的用户评论和反馈，及时了解用户对汽车产品、服务、品牌等的态度，发现并解决产品潜在质量问题、设计缺陷等，提升品牌形象和声誉。

④智能客服方面，在对车企知识库数据进行定向训练后，能快速分析客户提问并生成回答，处理效率远超依靠纯规则所能达到的效果；能提高对用户问题理解的准确度和"提问—反馈"的匹配程度，即使用户反馈的问题不完整，系统也能够快速生成相似问法，解决问答库覆盖不全面、语义建模不准确等问题；基于多模态交互技术，还能进一步提升智能客服系统对用户上传的语音、影像、表格等内容的识别和理解能力，更精准捕捉关键信息，快速理解用户使用痛点。

（5）沉淀汽车维修知识，提升维修效率和客户满意度。

电动智能汽车售后维修需要专业的电气、电路知识，传统的4S店和维修商无法胜任，很多维修工作需要车企介入。借助大模型学习汽车结构、故障库等知识，可为车主提供维修保障提醒、维修方案管理、在线故障排查、智能推荐、故障处理推送、救援保障等服务；也可为一线维修人员提供知识推荐与检索等辅助工具，降低车企介入率及专家的培养时间。例如，华为NLP大模型能帮助车企降低维修介入率30%以上，并大大缩短售后专家培养周期。

（6）提高质控和质检效率。

企业积累的生产制造、零部件检测等相关数据，可用于训练零部件检验算法模型，实现整车测试与零部件检测的自动化、智能化。

后续还可以结合整车测试与零部件检测数据，对大模型进行优化，提高检测效率。再结合质检人员对检测结果的评价，基于人类的反馈不断强化学习技术，对算法模型进行持续调优，来提升整车测试效率与零部件不良品检出率。

三、探索大模型在汽车领域的应用仍面临诸多挑战

（1）国内企业面临训练芯片"卡脖子"问题。

大模型云端训练需要上万片高端GPU训练芯片，尤其是端到端自动驾驶训练数据量已达到PB级，训练芯片需求更大。特斯拉端到端自动驾驶FSD V12在超过10万块GPU芯片支撑下才实现周级迭代。国内多数车企仅有上千块GPU，很难发挥海量数据价值并实现较好的训练效果。

大模型在云端提供服务也需要大量算力支撑，以ChatGPT为例，按照每天独立访问量2500万次计算，预计需要3万多片A100芯片。目前，美国对我国禁售A100、H100高性能GPU芯片，甚至也限制出售"阉割"版的A800、H800芯片。

同时，国产芯片仍存在制程落后、性能不足等问题，部分芯片在大规模训练时故障率较高，使用体验仍有欠缺，导致我国车企的算力扩展遇到很大阻力。

（2）国内大模型训练数据量少且质量不高。

①数量方面，OpenAI联合创始人Ilya在2024年12月的演讲中表示：大模型训练已基本耗尽整个互联网的数据，预训练时代即将结束。中文语料数据仅占全球大模型数据约1.3%，Common Crawl、BooksCorpus、WiKipedia、ROOT等主流数据集都以英文为主，即使是最流行的Common Crawl数据集，中文数据也只占4.8%。另外，大模型理解和掌握客观世界规律，需要学习大量来自知识和价值观

层的数据，此类中文语料数据短缺严重，甚至无法通过机器翻译进行弥补。聚焦自动驾驶领域，特斯拉拥有超过1000万个有效视频片段数据，且其在全球有超过600万辆智能汽车在通过影子模式持续采集数据，平均每辆车一天就能搜集到一个典型的极端工况样本。与之相比，国内车企场景数据量普遍不足百万，且出于数据合规的考虑，车企之间数据的共享流通仍有阻塞，导致国内车企的高价值场景数据较特斯拉相差超过一个数量级。

②数据质量方面，高质量数据集需要企业在数据治理方面投入巨大的资金和精力，包括顶层设计、标注规范、标注质量把控以及发布后更新升级等各个方面，但国内企业在数据挖掘和数据治理领域的积累和沉淀不足。汽车行业属于传统制造业，数据的沉淀更是不尽如人意。这使得大模型在汽车行业落地应用过程中，存在明显的训练数据分布不均衡及完备性较差等问题。例如，国内车企的绝大部分数据分布在几个密集的场景里，"头部效应"非常明显，真正需要的极端工况数据却非常少。且国内车企车型多而单一车型存量少，不同车型的传感器功能不一样，采集的数据各有差异。与特斯拉车型相对集中且传感器方案比较统一相比，国内车企数据的复用性很差。

数据问题不解决，大模型可能会形成"偏科"，导致产生严重的"幻觉"问题，由于汽车行业本身对安全性和可靠性的要求极高，这也会大大限制大模型的应用落地。

（3）落地商业模式不清晰。

①大模型处于发展初期，主要以Token使用量收费。从to B（面向企业）模式来看，车企每年的预算、成本、营收是固定的，以Token使用量来收费的模式动态性太大，车企难以接受。

②"软件+服务"的模式，在国内很难得到认可。在汽车行业

"内卷"越来越严重的当下,纯许可证(license)模式也难以持续,企业付费意愿不高。此外,大模型商业化的价值,还是以提升车企产品销量的传统方式为主,车企、大模型企业双方还未找到可以合作共赢的路径。

(4)缺乏良性合作生态支撑。

①贯穿实时信息以及垂类信息的数据生态还未形成,导致大模型对实时动态和垂直领域的理解能力比较差。例如,GPT-3.5训练数据集截至2021年,无法理解和处理2022年的信息。

②大模型应用于汽车会对整车软件架构、硬件能力、交互策略产生很大影响。目前国内大模型产品非常多且迭代速度非常快,如何在保证产品竞争力的前提下与大模型企业合作,车企仍存疑惑。

③开源大模型由中国完全主导的数量偏少,势必会影响国内AI技术的迭代速度与创新能力。在全球化竞争日益激烈的背景下,没有主导的开源大模型,可能使中国AI企业在国际市场上处于不利地位。

(5)缺乏大模型能力评价标准。

行业和消费者对大模型"上车"的期望都很高,但对其表现的诉求"千人千面"。有些人希望大模型无所不能,对所有的问题都能答复。有些人希望简洁,只要按照指令操作即可。如何评价大模型在具体场景下的能力,仍然没有明确、统一的标准。例如,当前大模型在语音交互的语言理解、逻辑推理、信息归纳等能力方面,已经有很多评价指标,但是在汽车应用评价方面,仍面临识别准确率的评判局限、响应速度评价单一、用户体验受主观性和复杂性拘束、缺乏多场景综合评估等挑战。

四、促进大模型在汽车领域更好应用的建议

（1）加强大模型对汽车行业颠覆性影响的认识。

汽车行业的根本是制造业，大模型创新发展的速度远远超出了汽车产业，两个产业融合会对汽车产业产生深刻甚至颠覆性的影响。汽车行业需要从战略上刷新认知，顺应技术发展趋势，加快拥抱和接纳大模型的速度，充分利用大模型加快汽车产业智能化发展的步伐。

（2）建立适应大模型发展的管理机制。

智能汽车的快速发展是多部门共同推进的结果，大模型在汽车行业的落地应用是一个系统性工程，需要算力、算法、信息传输等多层面能力的共同支持，更需要政府部门统筹推进，建立一个适应大模型发展的管理机制。在技术相对落后的情况下，发挥我国多系统协同的能力和优势，从而探索出差异化的发展道路。

（3）加强试点示范。

目前，国内通过备案的大模型达117个，但真正实现商业变现的很少，关键是没有找到核心的应用场景。建议选择具有代表性的车企和大模型企业，开展试点示范项目，通过应用驱动的方式，探索大模型在汽车领域的高价值应用场景，形成可复制、可推广的经验模式，促进大模型的可持续健康发展。

（4）加快推动算力共享。

以美国为代表的发达国家的AI和芯片，已经形成软硬件相互促进的合力。为弥补算力短板，建议政府部门和行业机构推动建立算力联盟，把部分公共属性的算力统筹起来。或者鼓励企业揭榜挂帅，将国内各公司分散的算力集中起来，推动算力资源共享，解决AI基建不足的问题。

（5）促进汽车数据共享与流通。

一方面，加快制定汽车数据定价、权责划分、流通交易等基础

制度，消除相关法规壁垒，促进汽车数据大规模流通，增加可供大模型训练的数据量。

另一方面，借鉴北京市政府开放市区级单位高质量政务数据的做法，在合法、保证隐私的前提下逐步放开部委、地方政府的政务数据并积极引导行业机构释放部分高质量数据，形成通用型数据集并对外公开，例如地理信息涉密等级、AI内容生成涉及的道德、伦理、法规等相关信息。

此外，加大对数据合成、仿真数据方面的支持力度，适当鼓励并推动合成数据的应用，弥补国内车企数据不足的短板。

（6）构建开放型合作生态。

发挥好车企的链主角色，推动形成面向全行业的开放平台。车企把握数据入口，供应商提供算法、算力，共同打造能力共享、灵活组合的开放型生态，协同推动汽车行业大模型的发展。

（7）加快建立大模型汽车应用评价标准与宣传体系。

在行业机构的牵头下，根据差异化落地场景，分步骤推动大模型汽车应用评价标准和宣传体系的建立。可优先推动进展较快的人机交互等应用场景。

第三节　国产芯片在汽车上的应用初具规模

一、汽车芯片行业发展现状分析

近年，经历了新冠疫情、中美贸易战、地缘冲突等导致的一系列芯片短缺事件后，汽车芯片国产化替代受到政府和企业重视。智能电动汽车的加速渗透也推动汽车芯片需求增长,我国汽车芯片创业企业加速涌现,产品在汽车上的应用初具规模,汽车芯片正面临很好的发展机遇期。据统计,2023年自主品牌汽车的芯片国产化率由2020年之前的不足5%上升至10%左右。尤其是在中低端智能驾驶和智能座舱计算芯片、车身控制芯片、中低端模拟芯片等领域,国产芯片已基本形成替代能力,高端的智能驾驶芯片和控制芯片领域实现初步突破(表2-1),为下一步实现更大规模国产化替代奠定基础。

不同种类汽车芯片国产化率　　　　　　　　　表2-1

类型	国产现状水平	主要卡点及挑战	国内代表厂商
计算芯片	100TOPS以上大算力芯片国产实现突破,100TOPS以下中低算力芯片具备较强竞争力	工具链及软件生态不足,制造依赖台积电,EDA(电子设计自动化)和IP(知识产权模块)被"卡脖子"	地平线、芯驰科技、黑芝麻、爱芯元智、芯擎科技、杰发科技、后摩智能
控制芯片	动力域、智能驾驶域ASIL D级别MCU(微控制单元)国产化率极低,车身域部分实现国产	关键IP(尤其是eFlash)和制造工艺能力严重不足,制程工艺落后,工艺开发积极性低,高功能安全设计不足	芯驰科技、杰发科技、上海芯钛、芯旺微、兆易创新、旗芯微、紫光芯能
存储芯片	国内企业在车规级SRAM(静态随机存取存储器)、DRAM(动态随机存取存储器)、NOR Flash等领域实现突破	大容量车规NAND Flash性能偏低、容量偏小。制造设备受美国封锁影响较大	兆易创新、合肥长鑫、长江存储、北京君正、复旦微、华大半导体、聚辰半导体、得一微、紫光国芯
通信芯片	在车载4G/5G通信、导航芯片领域取得突破,CAN/LIN/以太网通信芯片有国产产品但不成熟	高速高性能产品设计能力不足,关键IP依赖国外,制造工艺不足	华为海思、紫光展锐、纳芯微、芯力特、景略、裕太微、东土科技、川土微、国科天迅、瑞发科、慷智
功率器件	国内布局较早,中低端具备国产能力,高端依赖进口	性能、封装技术、生产设备及设计工具存在差距	比亚迪、中车时代、斯达、士兰微、三安光电、华润微

续上表

类型	国产现状水平	主要卡点及挑战	国内代表厂商
电源芯片	LDO（低压差线性稳压器）、DC-DC有国产产品，高端PMIC（电源管理集成电路）、模拟前端（AFE）等产品国产面临挑战	高功能安全开发能力和高压BCD（单片集成）工艺不足	杰华特、矽力杰、纳芯微、芯洲、芯力特、思瑞浦、瓴芯、南芯
传感器芯片	图像、温湿度、电流、压力等部分产品可实现国产	产品定义不足，功能安全产品有待提升，MEMS（微机电系统）、毫米波雷达、激光雷达芯片等依赖国外	豪威集团、纳芯微、加特兰、美泰、禾赛科技
驱动芯片	LED驱动、电动机驱动具备国产化能力，功率驱动国产化率极低，缺乏系列化产品，部分ASIC（专用集成电路）驱动国内空白	功能安全要求高的主电机驱动、显示驱动等国产化能力不足。车规级工艺不成熟，产品丰富度和制造经验不足	矽力杰、芯洲、思瑞浦、杰华特、瓴芯、南芯、纳芯微、伏达、中科赛飞、集创北方
信息安全	受国密算法限制，国产产品具备优势，产品性能可媲美国外	应用适配及验证	紫光同芯、上海芯钛、天津国芯、信大捷安、复旦微电子

资料来源：车百智库研究院。

从车企侧看，汽车芯片国产化替代已成为行业共识，领先企业汽车芯片国产化率已达到30%左右。在过去3年"缺芯潮"后，车企纷纷提升国产芯片应用比例，优先选择本土供应商以提升供应链安全（表2-2）。东风汽车牵头成立湖北省车规级芯片产业技术创新联合体，44家成员单位覆盖车规芯片标准、设计、制造、封装、应用等全产业链，争取2025年新车型芯片国产化率将达到60%，甚至80%。长安汽车2022年国产化芯片应用总量超5000万颗，单车应用比例达到17.9%；2023年1—9月应用总量超过8000万颗，单车应用比例超30%。上汽集团建立汽车芯片供应链本土化推进机制，2023年前三季度共应用国产芯片约2800万颗，预计2025年汽车芯片国产化率有望达30%。广汽集团汽车芯片国产化率从2021年的3%提升至2022年的10%，未来预计与国内企业合作，实现1000多颗芯片全部自主可控。理想汽车作为新势力车企中使用国产汽车芯片的典型代表，其与地平线、芯驰科技等国内头部芯片企业建立合作关系，加快导入国产芯片，旗下L系列车型芯片国产化率已超过25%。

国内领先汽车芯片企业装车应用情况　　　　表2-2

产品类型	汽车芯片企业	汽车芯片量产情况	合作车企
计算芯片	地平线	截至2024年11月，智能芯片累计出货超700万片	理想、比亚迪、长安、江淮、奇瑞、荣威、广汽埃安等
计算芯片	黑芝麻	获得超过15个不同车型的定点项目	江淮、东风、吉利、合创、百度等
计算、控制芯片	芯驰科技	截至2024年7月，累计出货超600万片（智舱、网关、控制、智驾）	荣威、上汽、长安、奇瑞、东风、比亚迪等
安全、控制芯片	芯钛科技	车载安全芯片已在上汽多款车型上使用，正在研发的车规级、高功能安全等级MCU产品也已在博世华域成功点亮	上汽、广汽、博世等
计算芯片、控制芯片	杰发科技	截至2022年底，汽车芯片出货量达到2.5亿颗，其中MCU芯片3000万颗，IVI SoC出货8000万套片	—
存储芯片、控制芯片	兆易创新	截至2023年4月，车规级GD25/55 SPI NOR Flash（55nm）和GD5F SPI NAND Flash（38nm、24nm）系列产品全球累计出货量已达1亿颗，40nm车规MCU产品已送样测试	国内外车企都有覆盖
存储芯片	北京君正	旗下北京矽成车规级DRAM产品全球份额约15%，全球排第二，低于美光（45%），高于三星（11%）	全球主要车企
传感器芯片	豪威科技（韦尔股份）	车载CIS芯片市场占有率达29%，年出货量超1亿颗，是全球第二大汽车CIS供应商，仅次于安森美的44%	奔驰、奥迪等
模拟芯片	纳芯微	2022年汽车芯片出货量超1亿颗，汽车业务总营收约3.7亿元，主要为隔离芯片、传感器芯片、驱动芯片、电源管理芯片等	—

资料来源：企业调研，公开资料，车百智库研究院整理。

在芯片供应侧，我国企业实现汽车芯片领域全面布局，部分领域进入全球前列。在智能汽车芯片领域，我国企业在计算芯片、控制芯片、传感芯片、通信芯片等九大类汽车芯片领域全面布局，中低端芯片领域可基本实现国产化，高端芯片领域开始突破并实现规模化应用。以智能汽车价值和技术门槛最高的计算芯片为例，我国地平线、芯驰科技、爱芯元智、黑芝麻等企业的计算芯片已实现量产应用。截至2024年11月，地平线计算芯片累计出货超700万片，累计已获得40家全球车企及品牌超290款车型量产项目订单。2023年，国内自主品牌乘用车智能驾驶域控制器计算芯片领域，地平线已进入全球第一梯队（图2-1），仅次于英伟达，未来有望持续扩大市场份额。黑芝麻智能华山A1000/A1000L芯片于2022年量产以来，A1000系列芯片总出货量已超过2.5万片。芯驰科技截至2024年7月芯片累计出货量超过600万片，覆盖70个主流车型，其中，自主品牌SUV畅销车前15位中，有40%的车型搭载了芯驰科技的芯片；在舱泊一体域控制器以及底盘、蓄电池监测管理系统（Battery Monitoring and Management System，BMS）等车辆核心控制领域，芯驰科技产品已达到国际一流水平。上海芯钛安全芯片已批量在汽车上得到应用，研发的车规级、高功能安全等级微控制单元（Microcontroller Unit，MCU）产品也已在博世华域成功点亮。作为全球存算一体智驾芯片的先行者，后摩智能已于2023年5月发布了首款存算一体芯片——后摩鸿途H30，在12nm工艺制程下即实现高达256 TOPS的AI算力，体现了存算一体路线的优越性。爱芯元智基于自研爱芯智眸AI-ISP和爱芯通元混合精度神经网络处理单元（Neural network Processing Unit，NPU），研发了M55（8 TOPS）和M76（60 TOPS）两个系列智能驾驶芯片，其中M55系列芯片已实现前装上车（表2-2）。

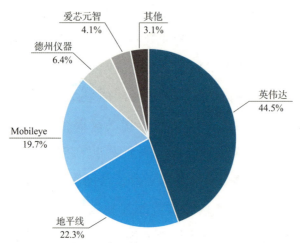

图2-1　2023年国内自主品牌乘用车智能驾驶域控制器计算芯片市场格局

资料来源：乘用车上险数据，车百智库研究院整理。

二、推动中国汽车芯片产业发展的建议

构建中国自主可控的汽车芯片产业链，需要政府、产业和企业各界协同推进。政府层面，制订汽车芯片顶层规划是必要之举，尤其是安全供应链的布局和管理体系。产业层面，完善本土化标准体系和检测认证平台，改善企业融资渠道是实现本土引领的必要举措。企业层面，借鉴国际巨头成功经验，产品的多元化、高端化、平台化、集成化是企业生存的关键，同时，模式创新和产品生态圈是构建长期壁垒的必要条件。

1. 政府层面

（1）建议制订国产汽车芯片发展的顶层规划和发展战略。

借鉴新能源汽车成功经验，应成立智能汽车部际联席会议制度，下设汽车芯片国产化工作小组，由行业专家和汽车芯片设计、制造、封测、标准、检测认证领域企业共同制订国产汽车芯片发展

路线图和时间表,以及重大项目投资、科技攻关、人才培育、税收优惠等重点工作。

(2)统筹建设本土化、近地化汽车芯片安全供应链。

持续筛选国产优秀汽车芯片产品,尤其是将价值量高但国产化率偏低的大算力智能驾驶和智能座舱计算芯片、高性能MCU控制芯片、高容量存储芯片等纳入《汽车芯片推广应用推荐目录》,2025年之前形成覆盖所有汽车芯片产品的推荐目录,并由国家或区域建设开放的实车验证与应用平台,帮助汽车芯片企业做好应用推广。

(3)健全芯片行业管理体系,提升汽车芯片供应链预警能力,放宽境外投资限制。一是建立晶圆厂建设审核机制,国内已建和规划的成熟制程晶圆制造产能基本可满足国内需求,下一步应审慎审核相关晶圆厂产能建设规划,在保留一定产能冗余基础上,避免大规模产能过剩。二是搭建汽车芯片供应链预警及处突机制,针对国际地缘政治冲突、贸易纠纷和其他突发事件,分析其对汽车芯片的供应影响并统筹实施应对措施,对涉及国防、公共和民用车辆领域核心芯片出台战略储备机制。三是适当放宽国内芯片企业境外投资限制,便利企业设立境外汽车芯片研发中心,尤其是在欧洲、日本等国家和地区,充分利用境外优秀人才。

2. 产业层面

(1)建议加快完善本土化汽车芯片标准体系,建设共享检测与行业认证平台。

当前我国汽车芯片主要采用国际标准,但进入汽车产业发展进入"电动化""智能化"阶段后,应用场景大幅改变,汽车芯片标准需随之调整。一是加快推进《国家汽车芯片标准体系建设指南》标准制定。二是支持车企、Tier1(一级供应商)、芯片企业联合推动本土汽车芯片标准制定及检测认证工作,将标准作为揭榜挂帅、试点试用的强制要求或关键环节审核手段,提升车企使用国产芯片的信心。三是在北京、上海、江苏等地建设国家级或区域级汽车芯片第三方质量检测与认证中心,开展汽车芯片的产品质量检测与认证标准体系建设、第三方产品质量检测与认证、产业争端仲裁与商业保险,以及面向汽车芯片企业的一站式质量基础设施服务等。

(2)支持龙头汽车芯片企业上市,提升企业生存能力。

当前国内汽车芯片已进入淘汰整合阶段,领先企业已实现规模化量产,但受限于产品线单一、规模效应不足等问题,绝大部分企业仍处于亏损状态,应在融资渠道、政策扶持方面给予支持。一是建议为汽车芯片创新企业开通科创板、北交所上市"绿色通道",支持优质企业上市融资。二是芯片产业周期长、风险高,通常芯片企业需要7~10年的时间发展才能收回前期研发成本并形成商业正循环能力,投资机构和产业基金需保持战略定力,支持芯片企业长期成长。三是汽车芯片进入"淘汰赛"阶段,兼并购将成为行业常态,应鼓励各地设立产业并购基金,支持头部企业通过兼并购扩大规模。此外,产业链头部企业易遭遇海外打压,政府产业基金应更好发挥产业引导作用。

3. 企业层面

(1)鼓励汽车芯片企业向产品多元化、高端化、平台化、集成化发展。

汽车芯片具有高投入、多品种、小批量的特点,国际主流企业均以多元化布局实现业务稳定和增长,企业难以借助单一品类产品获得成功。建议国内汽车芯片企业:一是在业务布局方面,充分利用现有成熟产品拓展应用领域,如借助车规级芯片开发能力开拓消费级、工业级等市场，形成多元化营收来源，提升企业抗风险能力；二是在产品布局层面，低端汽车芯片利润低且容易受到国际大芯片企业的降价打压，支持国内芯片企业加速打造覆盖中低端和高端芯片的产品矩阵，提升企业盈利能力；三是在芯片设计层面，相比消费级、工业级芯片，汽车芯片出货量小，鼓励企业采用平台化设计方案降低研发成本、提升经济效益；此外，应积极推动小芯片的集成化，通过降低芯片数量、简化车载芯片系统降低供应风险、提升开发效率，如集成MCU功能的智能驾驶SoC芯片可以减少外挂MCU芯片，动力域使用的集成化SBC（系统基础芯片）可替换传统4~7颗不同功能芯片，简化电路设计，缩减外部电路和元器件数量。

（2）鼓励汽车芯片产业链企业推进多种合作模式。

我国汽车芯片产业起步晚、基础薄，企业以Fabless（无晶圆厂）模式为主，尚未形成自有制造工艺体系，而近50%汽车芯片采用特殊工艺制造，纯晶圆代工模式无法实现高效制造。

（3）鼓励汽车芯片产业链企业共建技术和应用生态圈。

汽车芯片的竞争不仅是单点技术能力的竞争，更是应用生态的竞争，产业链各环节在产品定义阶段就需要考虑整个产业链的协同。一是鼓励车企参与汽车芯片功能定义，深度参与芯片研发过程，为车企智能化开发迭代提供支撑；二是支持以计算芯片或控制芯片企业为牵引，联合周边电源管理芯片、存储芯片、驱动芯片等"小芯片"企业，协同开发解决方案，形成技术、企业协同联盟；三是加强芯片软件生态的建设，尤其是编译器、调试器、编译环境、AUTOSAR（汽车开放系统架构）、内核和中间件等底层软件生态，构建软硬协同的国产汽车芯片应用生态体系。

第四节 车用操作系统自主可控

一、发展自主可控车用操作系统已成基本共识

1. 操作系统竞争的关键不在于技术，而在于生态

技术问题不存在本质障碍，生态问题才是关键卡点。国内操作系统在技术上已全面布局，性能与国外产品处于同一数量级。例如内核层面，斑马智行、华为、中兴的微内核已通过ASIL-D认证，普华基础软件、国科础石的混合内核已正式开源；中间件方面，普华基础软件、华为等企业的AUTOSAR CP产品已累计在汽车上应用超千万；工具链和开发平台方面，地平线TogetheROS操作系统可实现对类CUDA编程范式生态的国产替代，支撑多供应商、多模块协同开发，效率提升200%。但总体上，国内产品在产业生态、应用开发生态建设上与国外相比仍存在较大差距。

生态的重点是实现芯片和操作系统协同。芯片和操作系统结合既能够释放算力、推动算法创新、打造数据闭环，也有助于打造更低成本的方案，例如将20万元以上车型的功能降维应用到15万元的车型，降低行业门槛。目前国内芯片和操作系统企业已经开始重视协同，行业内也形成了多种生态建设的路径。包括斑马智行、地平线等期待通过增加装车预期来提升生态的吸引力；普华基础软件、地平线等通过开源开放减少生态建设阻力；华为、中兴倡导统一标准以打造竞争环境下的统一生态等。各条路径之间如何联动、配合是下一阶段要研究的重点。

生态的破局点是打造"杀手级"应用。用户是生态最根本的吸

引力和裁判员，操作系统作为基础软件需要借助应用触达终端用户。历史上形成统治级生态的操作系统都有"杀手级"的原生应用，例如Windows绑定Office，安卓绑定GMS三件套（Google服务框架、Google Play服务、Google Play商店）。操作系统断供、封锁的主要抓手也是"杀手级"应用，例如谷歌禁止华为使用GMS服务，间接导致其国际市场份额断崖式下跌。

因此，要做真正有行业影响力的操作系统不能只解决技术问题，也不能单讲生态和平台，要从"杀手级"应用切入。考虑安全车控软件主要强调安全而非差异化、座舱娱乐软件复制难度低，未来智能驾驶和车端大模型更有可能成为智能汽车领域的"杀手级"应用。

2. 开放是汽车产业发展的必然方向

基于汽车产业链条长、跨界融合的特点，智能化阶段竞争激烈，研发成本较高，构建跨行业、跨企业的开放体系是实现产业自主可控、降低企业成本的必然选择，也是在竞争环境下构筑产业合力的必然要求。开放不是简单的源代码公开，而是涵盖标准统一、产业分工、企业互信、商业闭环可持续的全面体系。

构建车用操作系统开放体系需要结合汽车产业特点设计，车企要发挥链主作用，不依赖第三方供应商和跨界企业。一方面，进入L3和L4级自动驾驶阶段后，车企将成为事故责任的第一承担者，需要建立与责任匹配的主导权；另一方面，涵盖算法的操作系统功能软件层将成为车企实现差异化的关键点，完全依赖供应商会导致车企失去"思考"能力，难以打造差异化竞争优势。

3. 分工协同成为产业分工的主流选择

操作系统需要分工协同已基本形成共识。操作系统开发和维护成本高，例如微软开发Windows Vista系统花费5年时间、90亿美元。

加之国内基础软件人才短缺，单个车企、供应商很难完成全部开发工作，需要建立产业分工协同体系。产业分工的目的不是补短板，而是发挥每个参与者的长板优势，从行业的角度而非单个企业考虑"卡脖子"问题。

未来可能形成"底层打造第三方行业基础平台、中间层车企主导共同开发、顶层车企基于用户需求定义"的分工模式。底层通用软件涵盖内核、虚拟化引擎及基础框架（狭义操作系统），强调安全性，差异化程度低，开发量和难度是上层操作系统的十倍到百倍级，车企自研性价比低，适合由科技企业打造中立的共性基础平台由行业共享。考虑研发成本和生存所需的规模，未来参与者可能不会超过三家。由于与车路云、国家安全息息相关，最后可能形成国家主导局面。

中间层软件包含中间件、功能软件、AI引擎和开发工具等，属于复杂软件和汽车电子的深度融合。由于中间层是车企能力差异化的体现，且具备全生命周期迭代和基于上层应用沉淀的特征，与场景、应用密不可分，需要车企主导。但主导未必需要全栈自研，关键在于掌握定义权、选择权和深度参与。

上层应用软件是差异化的集中体现，需要由主机厂基于用户的需求定义打造卖点。未来大模型在汽车上的应用将会改变人车交互模式，支撑汽车应用实现"千人千面"，上层应用软件将实现真正的"用户定义汽车"。

4. 装车是产品迭代、生态构建、商业可持续的关键

产品方面，车用操作系统需要在应用场景里迭代打磨，才能从及格分走向优秀分，例如2016年以前安卓系统对比iOS功能繁重，版本更新容易导致手机卡顿，手机使用寿命往往不超过18个月，经过多个版本迭代，如今主要的安卓手机品牌都已实现36个月以上不卡顿。企业方面，车用操作系统需要百亿级投资，只有装车实现商业闭环和盈利预期才能支撑企业长期投入；生态方面，国内缺少英伟达、安卓这样的芯片和操作系统龙头企业牵头，需要将装车预期作为生态构建的吸引力和润滑剂，发挥国内超大规模的市场优势和新能源汽车产业优势。车用操作系统发展已由"有没有"进入"用不用""信不信"的阶段，核心技术已不存在卡点，欠缺的主要是行业信心和装车应用。

车企对于操作系统装车的要求已逐渐形成共识。一是安全性，手机、车机系统能够接受偶尔一次的黑屏或者死机，但智能驾驶操作系统无法接受死机导致摄像头关闭，也无法接受发生数据隐私泄露事件。

二是柔性（兼容性、可移植性），智能汽车方案仍处于百花齐放、快速迭代阶段，车企需要操作系统能够支撑各类芯片、算法、传感器、执行器，以实现在多个方案间的低成本切换。

三是可持续性，智能汽车时代软件需要不断进行OTA（Over-the-Air Technology，空中下载技术）升级，操作系统厂商需要具备持续服务能力，支撑车企更新、扩展功能；

四是可控性，车企需要具备定义权，更倾向于采用白盒交付模式（即提供者公开软件的内部结构和实现细节）。

二、车用操作系统自主可控实现路径仍需探索

除基本共识外，车用操作系统实现路径仍存在认识分歧和实践挑战。为避免认识分歧导致产业力量分散和资源浪费，突破实践中的"卡点"，本书对相关方面进行了梳理总结，提出原则性建议，以推动行业形成进一步的共识。具体如下。

1. 开放条件下如何界定自主可控的边界仍存在分歧，建议分类、分阶段思考

使用国外闭源内核无法保证国家安全已成为行业共识，但基于国外开源内核（如Linux、Android）和国际开放标准（AUTOSAR）的操作系统，是否应纳入自主可控范畴仍存在分歧。

建议分类思考，边界界定既有"黑与白"的底线问题，如国外闭源内核不属于自主可控；也有"颜色深浅"的程度问题，如使用国际开源内核和开放标准的情况下代码由国内企业掌握，不涉及极端情况下的供应安全，只涉及生态安全和一定程度上可规避的信息安全。底线问题要明确界定，但程度问题允许多条路径并举，既要发展自主微内核、混合内核，也允许使用国际开源内核。但使用国际开源内核必须拥有自主修改和优化的能力，建立国际开源生态在国内的备份，打造国产代码托管平台和国内Linux生态社区。

建议分阶段考虑，现阶段国产微内核、混合内核尚不具备建立独立于Linux生态的能力，与AUTOSAR完全切割会增加生态建设的难度。采用"国产微内核/混合内核+国际开源内核/开放标准"的混合方案应尽快应用，远期可以考虑基于国产微内核、混合内核、中间件标准打造完全国产化方案。

2. 自主可控操作系统装车仍存在卡点，建议建立装车支持政策和创新产业组织方式

自主可控车用操作系统装车仍面临诸多挑战。包括首台套装车的收益和风险不对等，车企缺少"第一个吃螃蟹"的动力；行业尚未形成统一标准和生态，车企切换成本高、决策难度大；车企与软件供应商的边界、理念有待磨合；行业缺乏明确、统一的装车底线要求，供应商缺少锚定，不具备快速复制能力；汽车操作系统商业模式有待探索等。

行业对于如何推动自主可控操作系统装车提出了两种观点：一是建立装车的支持政策，包括国有资产监督管理委员会对国有车企负责人下发操作系统自主化率的考核指标，对自动驾驶算法企业等生态伙伴提供应用补贴，对消费者提供消费补贴等。二是创新组织方式，增加合作的深度和车企参与的动力，借鉴AUTOSAR组织，由政府有关部门或者行业协会牵头，建立涵盖全部车企、供应商的竞合共同体，由车企导入需求，提供量产车型支持，并作为基础标准的"裁判员"。共同体下可以围绕不同的芯片+操作系统厂商形成ABC各种方案，相互"赛马"。

建议政府以"首台套""首版次"应用为突破口，以工程化应用为导向研究探讨装车支持政策，针对不同操作系统分类施策，推动车控操作系统自主替代、车载操作系统构建自主应用生态、智能驾驶操作系统自主产品开发和装车应用。对使用自主可控的操作系统提出明确的边界定义、自主化率、目标要求和时间表。在标准体系建设、生态建设以及内核、中间件、测试工具等研发上给予支持，着力破解科研和生产"两张皮"的难题。

建议现阶段暂不直接指定某个企业或某一条技术路线，通过"赛马"机制形成适合我国国情的操作系统。鼓励企业探索不同的路线，预留试错空间，探索建立"赛马"组织机制和支撑体系，支持龙头企业作为创新主体建立行业联合创新体，加速构建行业生态来竞合装车。建立相应的标准体系，保证在紧迫的机会窗口期内完成"赛马"，同时最大限度地减少车企"选马"失败后的切换成本。

3. 软硬绑定和软硬解耦仍存在分歧，建议在标准协同、优先国产的基础上并行发展

软硬协同已经形成共识，但在实现路径上仍存在分歧。一部分企业认为，软硬绑定有助于实现最优组合效能，参考PC（个人电脑）领域"Wintel联盟"的先绑定再解耦❶，在行业早期性能尚无法满足用户需求阶段，通过软硬绑定能够更高效、更低成本地打造满足用户需求的高性能产品。

考虑到国外英伟达、QNX、高通、安卓已经开始强强联合，现阶段制定标准、软硬解耦难以把握机会窗口。且另一部分企业认为，软硬解耦才能够保证产业协同的广度，发挥不同操作系统、芯片企业的力量，减少车企在不同芯片、操作系统上的切换成本，且先绑定后解耦只会形成假解耦（图2-2）。

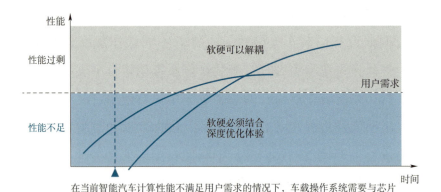

图2-2 芯片与操作系统（OS）的"华尔兹"：从软硬绑定到软硬解耦

资料来源：地平线，车百智库研究院。

建议允许软硬绑定和软硬解耦路线并行发展。但是软硬绑定的企业也应该参加非绑定企业的标准协同，软硬解耦要考虑窗口期，应优先适配国产芯片和操作系统。

建议参考PC和手机领域，由地方政府、龙头企业牵头建立行业

---

❶ 产业早期微软Windows与英特尔Intel结成联盟，微软的视窗系统只适配Intel芯片，Intel芯片针对Windows系统深度优化，双方联合制定了行业标准。随着电脑性能的溢出，软硬绑定不再带来相对竞争优势，微软与英特尔逐渐解耦，2020年微软宣布旗下surface电脑不再使用英特尔芯片。

软硬件通用适配中心，建立软硬件适配基础设施和测试体系，探索开展联合设计。

4. 开源实现方式仍需持续探索，建议允许在开放基础上自由选择开源路径

行业对于开源实现方式仍存在分歧。一类观点认为应该支持全面开源路线，小范围开源、有条件开源只能形成小团体，效果有限。另一类观点认为，开源只是实现开放的手段，应允许企业在开放的基础上采用有条件、有选择、有边界、渐进式的开源模式，辅以商业化的方式加以推进。

建议明确以下认识：一是开源不是目的，而是形成产业合力的手段。在技术和市场处于不确定的阶段时，可以借助开源模式快速形成产业协同，这既包含面向全行业的开源，也包含面向客户、合作伙伴小范围的开源。

二是开源的路径可以自由选择，但开放的底线必须遵守。要界定开放的底线要求，并出台时间表要求。

三是对于开源的具体内容、实现方式，需要结合汽车行业的特点具体设计。例如设计更加符合功能安全要求的开源组织架构、流程管理体系，探索建立全面开源组织与有限开源企业的协同机制等。

5. "高线"思维有待建立，建议重点突破面向AI、整车、车路云协同的操作系统

车用操作系统不仅要考虑安全和自主"底线"，也要考虑发展"高线"。要摆脱"跟随—模仿"路径，依托我国最活跃的智能汽车创新市场，争夺科技发展的定义权，以"技术定义+中国特色"形成车用操作系统竞争优势，兼顾发展和安全。

（1）重点突破面向AI计算的车用操作系统。

当前智能驾驶领域，尤其是规划、控制环节大部分仍基于规则设计，难以解决Corner case（极端情况）问题。智能座舱领域的人工智能只属于附属产品，尚未实现人车交互模式的实质性改变。

未来基于AI的智能驾驶和座舱大模型将成为智能汽车原生的"杀手级"应用，成为自主可控操作系统构建应用生态的突破口，汽车操作系统有望成为第一个AI原生操作系统。完美支撑AI算法应用的运行开发、数据闭环利用的操作系统解决方案仍有待突破。

（2）构建整车操作系统。

随着电子电气架构由域控制向中央集中发展，域控芯片演变为中央计算芯片，安全车控、车载、智能驾驶操作系统将延伸为整车操作系统。整车操作系统可实现整车层面的代码复用、数据共享，并支持实现跨域功能，但落地仍面临技术和业务的双重挑战。

①技术上，整车操作系统需要完成整车抽象，在低延迟、高可靠性环境下处理更多的任务和数据，在一套平台下支撑通用计算、安全计算、AI计算；②业务和组织上，横向需要实现跨域资源整合，而不同域控操作系统的采购和研发管理，往往由车企的不同部门独立负责，内部推行大规模操作系统资源整合难度较大；③纵向需要实现由车型、品牌到统一平台管理的转变，平衡车型项目组—品牌团队—平台研究院之间的利益冲突。

（3）打造支持车路协同、车云互动的操作系统。

智能汽车时代车、路、云、网、端、人互联是发展的必然趋势，也更有助于发挥我国基础设施和跨界力量的优势，需打造面向支持车、路、云协同架构的中国特色操作系统，支持进一步扩大合作、扩大开放、跨行业融合，推动新能源与智能汽车产业成为我国继5G之后引领全球发展的行业。

第五节 车载激光雷达迎来快速增长

一、车载激光雷达的应用现状

（1）城市NOA落地推动激光雷达装车进入市场驱动阶段。

2023年下半年以来，部分车型城市NOA量产落地，智能驾驶开始广泛被消费者感知，并逐步成为影响用户购车的重要决策因素。相较于L2级高速公路NOA功能，城市NOA涉及交通路口、人车混行、"鬼探头"等复杂情况，仅靠摄像头、毫米波雷达难以满足感知需求，同时由于高精度地图存在鲜度、成本等问题，基于激光雷达的"轻地图、无图"方案成为城市NOA的主流感知方案，车载激光雷达迎来快速增长期。

（2）量产乘用车激光雷达市场呈技术路线收敛趋势。

车载激光雷达主要从测距原理和系统结构进行分类（图2-3）。目前半固态和905nm波长激光雷达正成为主流量产方案，技术路线逐渐收敛。从扫描模块来看，激光雷达可分为机械式、半固态式和固态式，其中半固态式的转镜式和MEMS激光雷达成为当前的主流装车方案。从发射的激光波长来看，可分为905nm、1550nm、940nm，其中905nm产业链成熟度更高，成本、功耗更低，不易受雨雪天气影响。

（3）中国激光雷达企业取得领先地位。

我国激光雷达企业布局早、产业化应用较快，在专利布局方面已构建较大优势。截至2024年1月底，我国激光雷达企业申请的专利数量总数高达11122项，远超位居第二的美国（图2-4）。高阶智能驾驶量产驱动激光雷达市场规模快速增长，国内企业占据市场主导地位。2022年乘用车激光雷达量产以来，国内企业的全球市场占有率超过70%，预计2025年我国激光雷达市场规模将超过43亿元。

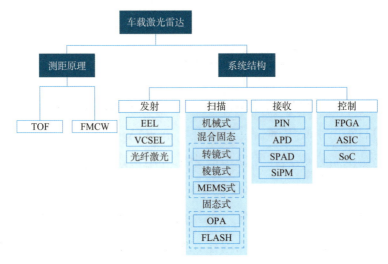

图2-3　车载激光雷达技术路线图

资料来源：中国信通院，车百智库研究院整理。

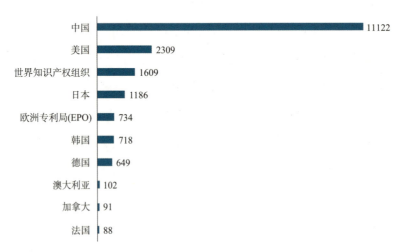

图2-4　截至2024年1月底全球主要国家企业申请的激光雷达专利数量（单位：项）

注：本部分仅统计与激光雷达硬件、算法等直接相关的重要专利。
资料来源：incoPat专利数据库，车百智库研究院整理。

二、车载激光雷达发展趋势

（1）车载激光雷达降本成为必然趋势。

需求方面，随着汽车行业竞争加剧与高阶智能驾驶价格下探，激光雷达作为感知硬件中成本最高的产品，将持续面临价格压力。供给方面，规模化、集成化、国产化将驱动激光雷达成本持续下降。规模化能使激光雷达厂商在上游获得更强的议价能力，并分摊研发成本；集成化、芯片化能够大幅减少分立器件，降低物料和安装成本，使其可以享受"摩尔定律"红利。

（2）激光雷达性能仍在持续提升，更具性价比的中低端产品会迎来更快增长。

技术的不断进步使得主流激光雷达性能持续提升。例如测距方面，主流产品的测距能力已经由2021年满足90km/h速度下的150m，逐渐提升到支持110km/h速度湿滑路面的200m，角分辨率方面由支持探测的0.1°×0.1°提高到支持识别的0.05°×0.05°。中低端车型可能形成激光雷达"门槛"。如150m@10%测距能力能支持90km/h速度下正常路面状况的智能驾驶功能需求，已能够满足城市交通的大部分场景，未来可能阶段性形成基于底线标准的中低端激光雷达门槛。

（3）用户体验将成为激光雷达规模化的突破口。

随着高阶智能驾驶功能普及，打造差异化体验将日益成为车企智能驾驶产品的竞争关键。例如如何实现更精准的自动紧急制动（Autonomous Emergency Braking，AEB）功能，如何打造更符合驾驶员个人风格的人机共驾体验等。激光雷达如何在其中发挥作用，也将成为其进一步摆脱"成本项"走向"价值项"的关键。

三、车载激光雷达发展面临的挑战

（1）技术上，核心芯片和算法仍面临挑战。

车载激光雷达上游的激光器、探测器、芯片等核心零部件仍主要来自国外供应商，如高性能FPGA处理器芯片被英特尔（Altera）、AMD（Xilinx）、Lattice等国外芯片厂家垄断，国内厂商的产业规模和产品性能仍有较大的提升空间。其次，点云处理算法路径尚未收敛，缺乏统一的评判标准。此外，多传感器融合算法仍面临挑战，分别为："目标级"后融合无法最大化利用原始感知数据，"特征级"前融合面临时间频率不同、数据处理难度大、多个传感器技术理解难等挑战。

（2）市场上，纯视觉技术路线市场竞争越发激烈。

当前纯视觉路线正快速发展，目前已推出将硬件成本控制在7000元的城市NOA方案，大幅降低了高阶智能驾驶成本。尽管激光雷达可形成更准确的3D信息感知，但更高的硬件成本和更难的多传感器数据融合能力限制了其普及。当前，多传感器融合和纯视觉方案孰优孰劣尚未形成定论，在汽车行业降本压力下，未来行业竞争将持续加剧。

（3）地缘政治上，面临贸易限制与专利诉讼风险。

中国激光雷达产业的优势地位引起他国关注，存在被他国政府制裁的风险，如2024年初，禾赛科技被美国列入"中国涉军企业"清单，禁止美国国防部采购其产品。专利方面，我国激光雷达企业长期面临专利诉讼问题。尽管进入国内创新速度更快的半固态路线阶段，专利"卡脖子"现象缓解，但海外企业发展早、基础专利多，我国企业仍可能遭遇专利诉讼打击。

四、促进激光雷达产业发展的建议

（1）突破激光雷达核心计算芯片和算法技术。

智能化零部件对软硬协同提出更高要求，应同步推动计算芯片和算法的自主研发。芯片方面鼓励激光雷达企业自研芯片或与国内芯片企业联合开发，构建安全供应链。在算法方面，支持企业研发基于深度学习的激光雷达点云算法，充分挖掘硬件潜力。

（2）鼓励不同感知技术路线研发与产业化应用。

当前纯视觉和多传感器融合感知的技术路线尚未固化，应支持企业研发基于前融合的多传感器融合感知算法，提升激光雷达在智能驾驶中的感知数据使用能力，加强消费者的智能驾驶体验。

（3）加强本土车载激光雷达标准制定与国际合作。

由于激光雷达技术路线多，而且产品内部存在运动部件，仍存在使用寿命、稳定性与可靠性问题。应尽快推动车载激光雷达的标准制定，将测量距离、点云精度、可靠性、产品寿命及环境适应性等关键基础性指标标准化。此外，要鼓励国内激光雷达企业积极参与联合国世界车辆法规协调论坛（WP.29）、国际标准化组织（ISO）及国际电工委员会（IEC）的法规和标准制定，实现"国际标准、中国定义"。

第六节　卫星通信技术应用成新兴趋势

卫星通信技术已经形成全球组网，在军事和商业化应用方面趋于成熟，在智能网联汽车领域的应用则是新兴趋势。

一、卫星通信在智能网联汽车规模化应用具备一定潜力

发展卫星通信有助于应对复杂的国际环境。卫星通信已经成为汽车十几种通信方式的重要组成，并实现少量车型装车，但是它依赖于卫星空间建设。早在我国没有北斗卫星前，我国海运货船"银河号"运输货物途中行驶至公海时，由于美国单方面关闭全球定位系统（Global Positioning System，GPS）信号，"银河号"忽然失去方向，被迫停止航行一个月。在俄乌战争中，民用星链低轨卫星系统为乌克兰军队提供通信服务，甚至实现远程操纵TB-2无人机、发射小型空地导弹和精确制导炸弹，对俄军的坦克、装甲车、野战防空系统、水面舰艇等高价值目标进行精确打击。如果未来出现低轨卫星相关的新安全事件，会对民众生活造成重大影响。

卫星通信可作为地面通信系统在汽车应用的有效补充。地面通信系统受陆地覆盖程度限制，而卫星通信具有覆盖范围广、通信容量大等特点，能够迅速建立应急通信网络，特别是在应对自然灾害等突发事件，或者在沙漠和山区偏远地区，可以支持救援队伍的协调和信息传递，确保灾害现场的通信不中断，能一定程度弥补地面通信系统的不足。

低轨卫星已经形成全球组网，并在多行业应用。从空间段看，各国积极建设低轨卫星，在已有的52个卫星互联网星座计划中（表2-3），美国SpaceX星链计划和英国一网（One Web）卫星发射数量占比超9成，且已形成全球组网。

从用户端看，2023年各手机终端企业推出支持"手机直连卫星"、双向卫星通信的服务产品，卫星通信服务也在全球范围内广泛应用于紧急救援和灾害响应，为少量高端车型提供了全域通信覆盖，确保应急救援时使用。

全球低轨卫星发展进展　　　　　　　表2-3

国家名称	时间	企业	发展进展
美国	1998年11月	摩托罗拉公司	"铱星计划"正式实行
	2015年6月	SpaceX	"星链"发射计划正式公开
	2019年1月	Satelles	新一代铱星系统实现与GPS融合
	2024年3月	SpaceX	发射150批、23颗星链卫星
英国	2021年3月	One Web	第五批36颗卫星发射成功
	2023年7月		美国和加勒比地区实现宽带连接
中国	2018年12月	航天科技	"鸿雁"星座首发卫星发射成功，"鸿雁"星座建设全面启动
	2019年12月		"鸿雁"星座正式启动运营
	2018年12月	航天科工	"虹云工程"技术验证卫星发射成功
	2020年1月		"虹云工程"投入示范使用
	2020年11月	中国星网	"GW"计划正式被国际电信联盟接收
	2023年7月	—	上海市成立"G60星链"卫星互联网项目
	2022年6月	吉利旗下时空道宇	发射9颗卫星
	2024年2月		发射11颗卫星

资料来源：公开资料，车百智库研究院整理。

二、卫星通信在智能网联汽车行业的进展

我国低轨卫星星座建设正在提速，但与世界先进水平相比仍存在一定差距。从空间段看，我国低轨卫星通信产业起步较晚，目前各星座在轨卫星数量仅为500颗，数量为美国的8%，目前执行的项目规模，除"星网工程"外，其他各星座计划整体规模普遍较小。低轨能容纳共计约6万颗卫星，根据国际电信组织联盟（ITU）"先登先得"的规则，中国于2020年递交一份卫星频谱申请约12992颗

卫星位置❶，但是需要完成"提交申请后的7年内必须发射第一颗卫星，9年内必须发射总数的10%，12年内必须发射总数的50%，14年内必须全部发射完成"的明确要求，目前还有10年的窗口期。

但是，目前单颗卫星的制造成本高、制作方式较落后、生产周期长，以及发射频率不满足市场应用需求，要完成低轨卫星通信应用，在组网建设层面就存在诸多挑战。国内卫星生产采用手工制作，且年产量约100颗，刚超过美国星链月发射量的一半，生产周期至少半年；国内的火箭发射资源也很稀缺，2023年完成67次火箭发射，约为美国的一半❷，同时每公斤发射成本是美国的10倍。

我国已经初步完成通信卫星产业链布局（图2-5）。从产业链细分环节看，卫星制造和发射占比不超过7%，多数集中在空间段和地面段卫星服务运营，商业航天模式暂未发挥有效作用，目前仍是"国家队（国企）主导，上市企业参与"的全景格局。

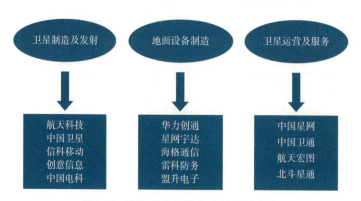

图2-5 我国低空卫星产业链相关企业

资料来源：车百智库研究院整理。

低轨通信卫星和既有北斗卫星产业在参与主体、市场化应用路线、产业结构和产业链路线上存在差异。在参与主体方面，低轨

---

❶ 信息来源于ITU官网，GW-A59和GW-2低轨宽带卫星星座计划。
❷ 数据来源于公开信息。

通信卫星产业主要由大量民营企业主导，同时伴随大量风险投资和股权基金参与，以商业航天模式为主，目前著名企业有SpaceX、OneWeb、中国星网、吉利时空道宇等。而北斗卫星产业主要由国家层面主导，核心参与者包括中国航天科技集团、中国航天科工集团等。

市场化程度方面，低轨通信卫星采用高度市场化的商业模式，包括提供互联网接入、远程通信等服务，使得企业通过市场需求和商业前景驱动快速发展。北斗卫星导航系统主要用于全球导航、定位和授时服务，优先从农业和测绘等领域切入，逐渐向手机、汽车大众领域应用渗透。

空间维护方面，低轨通信卫星的运营依赖于密集的卫星网络来确保持续覆盖和低延迟，由于其在近地轨道，需要定期进行轨道调整和维护；北斗卫星导航系统的运营相对稳定，主要关注信号精度和系统可靠性，维护更多集中在地面控制和卫星轨道管理。

车载卫星通信在汽车行业应用场景广泛。卫星通信可以涵盖商用车（如货车、公交车）、乘用车、军用车和工业用车（表2-4），极氪001RF和比亚迪仰望U8已经搭载卫星通信功能。

车载卫星通信主要应用场景　　　　　　表2-4

车型	应用场景	内容
商用车	长途货车、物流运输	提供持续的通信连接，实时跟踪、车辆监控和远程管理。实时获取车辆位置、状态和运输进度信息，提高运营效率和安全性
	紧急救援和公共安全	在偏远或灾区等传统通信网络无法覆盖的地区，确保紧急救援车辆、警车和消防车之间的通信畅通。可提供实时的数据和语音连接，帮助救援人员及时获取必要的信息和指令
	矿业和资源勘探	为矿车和勘探设备提供实时的数据传输和通信服务，支持远程监控和管理，提高生产效率和安全性

续上表

车型	应用场景	内容
乘用车	越野和探险旅行	确保与外界保持联系,提供安全保障
	出租汽车、网约车	车辆管理和运营优化,确保公共交通系统高效运行
军用车	军事和国防	指挥和控制军事车辆和装备,提供通信支持,确保指挥系统和部队间的信息传递

资料来源:车百智库研究院整理。

三、卫星通信在国内汽车产业应用的瓶颈及建议

卫星制造产业链不成熟,延缓规模化应用,需要结合新模式,加快构建空间卫星基础设施。与产业发达国家相比,我国单颗卫星的制造和发射成本仍然很高。降本增效是低轨卫星在大规模进入汽车行业之前必须克服的难题。通过优化设计流程、批量生产、开发先进材料和制造技术等方法,并结合商业航天新模式,不断降低卫星制造成本。

新合作模式探索中,需要构建开放共创的发展环境。目前,低轨卫星制造仍以重大项目制模式为主,审批周期长且审批流程复杂,市场成熟度仍有待提升。政府应进一步推动产业市场化,鼓励国有企业和民营企业合作参与卫星供应链建设,形成多元化、开放的合作模式,参考NASA和星链合作模式,通过外部的技术引入完成技术迭代和成本降低,同时NASA也向外部合作企业提供发动机等自身经验更丰富的技术支持。

法规和行业标准不足,应加快制定关键行业标准,促进规模化应用。当前,卫星通信在汽车行业应用仍缺乏相应的法律法规,同时各车企尚未形成统一的量化装车标准。为推动产业间的

深度融合，政府和企业应加快制定和完善卫星通信相关的法规和标准，规范频谱资源的使用和管理，支持卫星通信相关技术的健康发展。

第七节　汽车算力需求急剧增长

一、汽车云端智能算力成为车企竞争的关键

当前，新一代人工智能技术正快速推进汽车智能化进程。特别是大模型的兴起，进一步激发了对汽车云端智能算力的需求。作为汽车智能化的底座，汽车云端智能算力正日益成为汽车企业竞争的关键。

自动驾驶是汽车智能化的重要方向，也是智能算力最大的需求来源。自动驾驶的算法栈大致可以分为目标与障碍物、道路结构、决策规划三个部分。回顾自动驾驶的发展，技术架构的每一次升级都会带来算力需求的提升。2015年左右，感知目标与障碍物技术成熟，车端计算芯片的需求开始显现；2020年之后，感知模块逐渐被统一到神经网络，汽车企业云端算力大幅增长；随着最近两年端到端自动驾驶的兴起，算力需求进一步快速提升。

特斯拉云端算力的增长情况可以印证上述趋势（图2-6）。2019年特斯拉仅有不到1500个GPU；2021年已拥有超5760个A100 GPU的集群，单集群算力达1800 PFLOPS；2023年8月，上线10000个H100 GPU的集群；2024年第1季度，已达35000个H100 GPU等效算力。

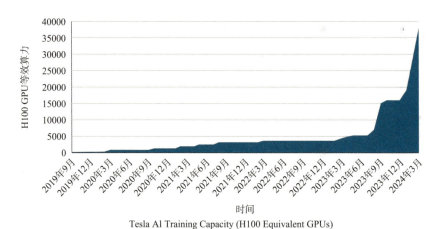

图2-6　特斯拉AI训练算力

资料来源：特斯拉2024年第1季度财报。

二、汽车企业发展算力的三种模式

1. 自建算力

Google、特斯拉等国际头部自动驾驶企业基于自身强大的技术积累和资金储备，从芯片、算法、软件到系统几乎全栈自研。国内百度、华为、商汤等企业基于自身在人工智能与信息通信等领域的积累，依托自建数据中心发展自动驾驶等汽车智能化业务。2015年，Google推出TPU芯片，初期主要用于其内部数据中心，后逐步通过其云平台向外部企业提供算力。2021年8月，特斯拉发布自动驾驶专用云端训练芯片D1和超级计算机Dojo，其ExaPOD集群算力达1100 PFLOPS。2024年2月，百度为极越汽车智能驾驶研发提供高达1800~2200 PFLOPS的算力。截至2024年6月，华为自动驾驶云端算力已达3500 PFLOPS。

2. 合作建设

百度、阿里、火山引擎等科技企业已有算力中心相关布局和经验，能够向汽车企业提供包括算力中心规划、建设、运维等多种服务。通过合作建设，整车企业可以大幅节省算力建设的时间，减轻运维压力。近年来，长安、吉利、小鹏、理想、毫末智行等汽车企业纷纷联合科技企业，建设智算中心。例如，长安汽车与百度共建长安汽车智算中心，算力达142 PFLOPS；小鹏汽车联合阿里云在乌兰察布建设专用于自动驾驶模型训练的"扶摇"智算中心，算力达600 PFLOPS；毫末智行携手火山引擎打造的智算中心"雪湖·绿洲"，算力达670 PFLOPS。

3. 使用云服务

亚马逊云科技、微软云、阿里云、腾讯云、火山引擎等云服务企业本身储备了相当规模的算力，基于覆盖全球或区域的算力中心，为汽车企业提供算力服务及多种数字化解决方案。例如，亚马逊云科技围绕自动驾驶、车联网和软件定义汽车三大场景赋能汽车行业，为宝马、比亚迪、小鹏、理想等企业提供服务；微软基于Azure云平台，打造了完整的自动驾驶开发支持解决方案，合作企业包括通用、大众、元戎启行等；腾讯云的智能汽车"云专区"，为智能汽车企业定制一站式云解决方案，已与奔驰、博世、蔚来等企业合作，助力汽车企业自动驾驶研发。

此外，一些城市的智算中心也通过云服务为当地企业及科研机构提供算力支撑。

三、我国汽车算力发展面临的挑战

（1）大模型推动云端算力需求快速增长，现有算力规模难以满足汽车智能化需求。

根据相关研究，自2010年左右深度学习问世以来，模型训练所需算力快速增长，大约每6个月翻一番。而大模型的出现使得训练所需算力规模提升了1~2个数量级。2022年以来，美国不断加强高端算力芯片的出口管制，供需不平衡进一步加剧。根据公开的数据，目前我国汽车企业自有算力规模估计大多从数百到数千PFLOPS不等。尽管近年来我国汽车企业算力已有大幅提升，但相对全球领先企业的算力储备和大模型自动驾驶的算力需求，还有一定的差距。

（2）全球算力供应呈现寡头垄断格局，国产算力与先进算力存在较大差距。

英伟达2023年数据中心GPU出货量达到了376万颗，占据高达98%的全球市场份额。2024年发布的GB200超级芯片，在标准的1750亿参数GPT-3基准测试中，性能是H100的7倍，提供的训练算力是H100的4倍。近年来，国内涌现出天数智芯、摩尔线程、燧原科技等一批芯片企业，成为满足我国算力需求的重要支撑。当前，国产云端算力芯片主要对标英伟达2020年发布A100芯片，且多数处于测试适配过程中，软件生态尚待进一步完善。

（3）汽车企业算力获取成本高昂，算力不平衡持续加剧。

大模型带来的超大算力需求，加上美国对高端算力芯片的管制，使得算力成为稀缺资源。不论是自建算力还是使用算力云服务，汽车企业都面临着巨大的成本压力。根据AI Index的估算，Open AI训练GPT-4所用的计算资源估计价值7800万美元。2024年一季度，特斯拉人工智能基础设施的资本支出就高达10亿美元。小鹏汽车2024年在算力方面的投入将超过1亿美元。算力成本居高不下，可能导致算力资源过度集中于少数企业，众多研究机构和创新企业难以获取足够算力，对我国汽车产业的持续创新和健康发展带来不利影响。

四、促进我国汽车算力发展的建议

（1）加强汽车算力软硬件技术研发，加快布局自动驾驶专用云端算力芯片与系统。

特斯拉不仅大量购买英伟达GPU芯片，也同时自研专用于自动驾驶训练的云端算力芯片和计算集群，并在内核架构、封装、编译生态等多个层面进行创新。当前我国在车载自动驾驶芯片、云端通用计算芯片领域已有相关企业布局，但自动驾驶数据中心计算芯片较为缺乏。专用云端芯片对于我国智能汽车产业以及机器人等未来产业的健康发展和自主可控至关重要。我国新能源汽车产业的蓬勃发展，也给自动驾驶专用芯片提供了广阔的市场空间。

（2）加强汽车产业算力统筹与协同，规划汽车产业大算力集群。

当前，我国汽车企业的智算集群和一些城市的智算中心普遍规模较小，难以应对汽车行业大模型发展的需求。算力中心的建设和运营具有技术门槛高、资金投入大、周期长等特征，当前针对大模型训练的千卡万卡集群尤其如此。根据我国汽车产业算力现状，建议加强汽车、人工智能、信息通信等领域的协同，统筹算力资源，集中规划建设国家级、区域级或行业级汽车大算力集群，更好地满足汽车产业的算力需求。

（3）在车路云一体化试点和建设中，适度超前规划云端智能算力。

前期部分试点城市建设的云端及路侧算力以通用算力为主，智能算力占比较少。随着大模型在汽车智能化的深入应用，云端平台可能需要具备智能驾驶等云端大模型的部署、微调及推理等能力。

建议在车路云一体化规划和建设中，充分考虑汽车企业等相关参与方的算力需求，力求实现车端、路侧和云端算力的高效协同，走出具有中国特色的汽车算力发展之路。

第八节　车企数据安全能力建设初见成效

数据已经成为汽车企业核心竞争力中的重要一环，构建适应性数据安全能力体系是车企的重要战略。

一、数据安全对车企的重要性日益凸显

数据作为汽车行业战略性资源的地位日益凸显。智能网联时代，汽车已经成为信息采集与数据交互的重要终端，在路上行驶的智能汽车每年上传到云端的数据超过7万PB，这些数据共享、流通后，可以形成全链数据池（图2-7），实现价值裂变，驱动智能技术迭代，提升企业管理水平，甚至催生出新的业态和服务。

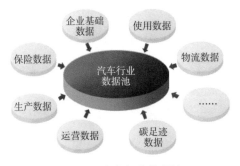

图2-7　汽车行业数据池

资料来源：车百智库研究院整理。

保障数据安全已经成为汽车企业核心竞争力的重要体现。汽车数据安全问题正日益凸显。2020年以来针对整车企业、车联网信息服务商等相关企业的恶意攻击达到280余万次。仅2023年初至今已发生超过20起与车企相关的大规模数据泄露事件，涉及企业内部业务、车辆驾驶、用户隐私等众多类型数据，对企业经营和声誉造成了较大影响。

另外，消费者和乘客对隐私和数据安全的重视程度越来越高，据调研，43%的用户将信息安全和车辆品牌、外观、价格、续航等一起纳入了购买智能汽车的首要考虑因素。加强企业数据安全能力、保障企业业务合规，不仅能够保护数据类核心资产，也可以将个人隐私保护嵌入产品功能并作为卖点，打造车企差异化竞争力。

构建适应性防护屏障是筑牢企业数据安全能力所必需的。车企要打造覆盖"研、产、供、销、服"汽车全生命周期的安全管理和防护能力，需采用类似于人体免疫力的思路，形成持续、动态的安全防护能力体系。一方面，传统的"亡羊补牢"式安全理念和战略已难以满足汽车行业快速发展要求，车企需变被动为主动，从"治已病"发展为"治未病"。另一方面也需要构建多层次纵深的保护机制，及时、有效应对基础设施、网络、数据、业务以及管理领域的组合攻击行为。

二、车企数据安全能力建设取得初步成效

多数车企凭借在信息化技术领域多年的投入和应用，及与腾讯安全、奇安信等第三方安全服务商积极开展合作，在边界安全、端点安全和安全运营方面形成了较为完善的管理和技术体系。在"三

法一条例"❶及相关法规、标准的指导下,车企在数据安全治理方面形成了初步组织架构和管理制度,但不同企业间存在一定差异(图2-8)。在应用开发安全方面,也在促进"安全左移",将数据安全合规要求嵌入产品开发流程中。

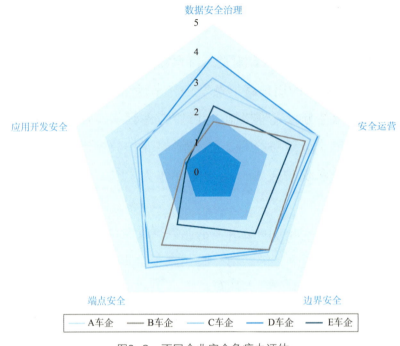

图2-8 不同企业安全免疫力评估

资料来源:车百智库研究院。

(1)搭建组织架构和制定数据分类分级规范是企业推进数据安全治理的首要关注点。

①整车企业作为汽车数据安全的责任主体,推动数据安全管理比较积极,搭建了相对早期的数据安全管理组织架构。当前有超过80%的车企自建了数据安全团队并已配备安全人员,形成了与业务

---

❶ "三法一条例"指《中华人民共和国数据安全法》《中华人民共和国个人信息保护法》《中华人民共和国网络安全法》《网络数据安全管理条例》。

线并行的管理链路。如某车企联合法务、IT等部门组建数据合规办公室，各业务设置专职数据合规组织或岗位；有相当数量的车企取得了ISO 21434汽车网络安全认证和R155网络安全管理体系认证。博世、大陆等头部供应商业务遍布全球，业务开展需要符合各国家和地区的数据和网络安全相关法规要求，管理体系相对成熟。

②数据分类分级是数据安全管理工作的第一步，也是企业构建"安全免疫力"的先决条件。主流车企、新势力车企依据现行法规、国家标准以及行业标准（表2-5），结合自身业务需求，制定了企业级数据分类分级管理机制，并针对不同等级的数据，制定了相应的数据保护要求和策略，以进行差异化防护，部分企业采用了自动化技术识别敏感数据。

汽车数据分类分级相关法规及标准　　表2-5

文件名	分类分级要求
《汽车数据安全管理若干规定（试行）》	分为个人信息、敏感个人信息和重要数据，并列举了6类重要数据
《工业和信息化领域数据安全管理办法（试行）》	数据分类类别包括但不限于研发数据、生产运行数据、管理数据、运维数据、业务服务数据等； 工业和信息化领域数据分为一般数据、重要数据和核心数据三级
《信息安全技术 汽车数据处理安全要求》（GB/T 41871—2022）	分为个人信息、敏感个人信息和重要数据
《车联网信息服务 用户个人信息保护要求》（YD/T 3746—2020）	分为用户身份证明类信息、车联网信息服务内容类用户数据信息、用户服务相关信息三类； 将车联网信息服务用户个人信息划分为个人敏感信息、个人重要信息和个人一般信息三级
《车联网信息服务 数据安全技术要求》（YD/T 3751—2020）	按照数据主题进行分类，分为基础属性类数据、车辆工控类数据、环境感知类数据、车控类数据、应用服务类数据和用户个人信息六类； 将车联网信息服务数据敏感性划分为一般数据、重要数据和敏感数据三级

资料来源：车百智库研究院。

（2）组建完备的安全运营体系。

借助信息化阶段的技术和经验积累，车企在安全运营平台搭建、团队建设等方面能力相对成熟，能够采用自动化和人工结合的方式实现日志分析、风险监测与漏洞管理，从全局角度审查、管理数据与网络安全工作。

车联网安全运营方面，配备了专门的安全团队和单独的汽车安全态势感知平台（简称VSOC平台），能够通过大数据分析、可视化技术对车端安全风险和威胁进行分析，帮助车企不断提高产品安全性能、优化监测和相应流程，避免出现违规问题和安全工作不可见等。另外，还能在检测到车端安全风险后，在企业侧修补相关风险和漏洞，再通过OTA升级到车端。

（3）初步实现"安全左移"以保障应用开发安全。

多数车企意识到数据安全已经成为汽车质量的一部分，并将数据安全防护要求嵌入具体的功能设计中。在产品概念规划、设计和开发阶段，实现规范性的安全设计，以保障车辆网络安全、保护用户隐私及防止黑客攻击。

①新项目立项前将数据安全合规要求融入产品设计需求清单中，明确产品开发的数据安全底线。产品正式上线前，多家车企对整车产品进行全面的安全检测和验证。其中，部分车企会采用第三方安全服务商的安全审计工具。

②对关键零部件供应商提出明确的质量体系评价制度和产品安全指标要求。

一是在前期利用准入机制为供应商设置数据安全准入基线要求，通过多种方式对经营资质、数据合规风险和数据安全能力等进行综合评价。

二是在取得准入后通过协议条款对供应商进一步约束，如在合规、内控及风险管理、安全保密等方面提出要求,明确数据安全权责。

三是对于车载远程/车载通信模块(Telematics BOX,T-BOX)、域控制器、网关等智能化零部件,车企会要求供应商取得第三方安全认证以保证产品具备相应数据防护能力。

四是为保障整车数据安全,车企会根据数据分级限制供应商接触较高级别的重要数据,并持续监控数据交互过程,制定和落实数据和网络安全管理措施,尽量降低过程中的安全风险。

五是对于缺乏替代且安全能力不足的零部件企业,车企会协助供应商提升数据安全管理能力,以满足自身数据合规要求。

(4)形成"软件—硬件"全栈式端点安全防护框架。

①云端(包括公有云和企业私有云)方面,借鉴IT行业成熟的数据安全防护技术及经验,车企构建起云端数据域安全防护技术体系。包括但不限于云计算框架版本更新、移动防御工具和资源控制策略等已有的云端防护技术,加强汽车云平台互联互通的稳定性与安全性;云平台管理人员赋予不同操作权限使平台访问可控;采用数据物理隔离控制措施和加密认证算法,保障智能车辆与服务提供商的敏感数据安全。

②通信方面,构建车联网安全身份认证体系,赋予车端、路端、云端等主体可信的数字身份,实现车辆可信接入、云端控制指令可信下发、各通信主体之间可信交互等,保障各参与节点间的通信安全。

③车端方面,多数车企将加密算法、访问控制、完整性检验等基础防护技术嵌入汽车控制系统,以增强车机系统、T-BOX、域控制器等智能化部件的安全性,解决部分实时性要求较低的场景问题。例如,车端入侵检测系统(IDS)产品已经批量装车应用,能

够实时监控数据安全状况，将车端所有突发数据上传到云端，并利用企业侧车联网态势感知（VSOC）平台进行分析。车载安全防护软件开始装车应用，以维护车用操作系统及车机应用安全，部分安全厂商基于PC、手机等安全软件研发了车载安全卫士类应用。此外，国产密码算法也能够适用于当前主流汽车MCU芯片的签名验签，并通过国外芯片的技术验证，展现出良好适配性。

（5）充分利用现有技术应对安全边界加长的风险。

①多数车企可将病毒查杀、防火墙、入侵检测等传统信息安全边界防御产品进行技术规则和处理逻辑简化，并应用于汽车工程系统。

②企业业务上云过程中，会采用云服务商相对成熟的安全防护技术，且车企通过协议保证数据泄露后的权益，将新增的数据安全合规压力管控于可承受范围内。

③企业侧计算资源和能力扩展相对容易，能够很好应对员工PC、服务器等新端点开放对整体资源的要求，企业数字化发展带来的边界防护增长点依旧可控。

三、企业进一步提升数据安全能力面临的挑战

（1）现有法规和标准对数据安全治理缺乏指导性。

①数据的分类分级要求对业务指导性不够。汽车数据监管更多聚焦在车和人相关的部分，对企业研发、生产等数据的分类分级未提出明确要求。部门或业务团队可能使用不同的数据定义、收集和存储方法，企业数据一致性差、准确度低。

②不同部门对业务数据安全管理的认知也不统一，导致重要数据的识别和划定与业务贴合度不高，合规工作落地缺乏指导。一是

《汽车数据安全管理若干规定（试行）》（以下简称《规定》）发布早于《中华人民共和国数据安全法》，且规定的6类重要数据定义较为宽泛，对企业指导性不够。二是国家标准与行业标准的分类分级要求存在盲区，例如《车联网信息服务 数据安全技术要求》（YD/T 3751—2020）对汽车数据提出了六类三级管理，但六大类数据并不包括汽车数据以外的车企运营相关数据，不能完全覆盖车企所有业务数据。三是不同法规和标准的要求不一致，如《车联网信息服务 用户个人信息保护要求》（YD/T 3746—2020），规定个人信息主体仅为车联网用户，这与《规定》中的车主、驾驶人、乘车人、车外人员多个主体存在明显差异，可能导致个人信息的定义存在差别，致使车企建立覆盖汽车全生命周期数据的合规体系存在缺陷。

③现行国际通用法规和标准可参考性较低。一是R155法规❶给出了比较详细的安全威胁清单，但这些威胁因子是否足够支撑建立起一个好的评估基准仍不明确。二是国际标准《道路车辆—网络安全工程》（ISO/SAE 21434）提出了车辆威胁分析与风险评估的工作流程（即TARA分析模型），为车辆识别风险、定量评估结果提供了指导，但车企的使用效果、需改进的地方仍不明确。

（2）存量非智能汽车安全运营风险改进难度大。

目前我国有超过3.0亿辆的存量乘用车不支持OTA升级，企业只能采取线下召回方式进行风险处置，导致企业投入巨大、影响用户用车。例如某合资车企畅销多年车型的汽车钥匙芯片存在缺陷，可在特定场景下通过抓取信号并重放来解锁车辆，通过召回解决该问

---

❶ R155是由联合国世界车辆法规协调论坛（简称为UN/WP.29）提出的关于信息安全/软件升级的法规，为非强制性。欧盟等1958协定成员国会将WP29的法规纳入自己的法规框架而变成强制性要求。尽管中国不是1958协定成员国，但部分主机厂会将汽车出口到欧盟或其他协定成员国，WP.29发布的法规成为绕不开的话题。

题对于车主和企业双方都不现实,目前该漏洞仍未解决。

(3)应用开发及交付模式与数据安全合规要求落地存在冲突。

①开发流程方面,传统整车"V"字形开发模式中"整车—系统—子系统—软硬件"的开发设计顺序局限于有明确需求导向的整车开发,难以适应软件定义汽车功能快速迭代的需求。车辆从研发到设计直至最终投产至少需要3~5年的时间,新势力车企有可能达到2~3年,但是软件开发可以达到一周发布或迭代一次,二者开发节奏冲突明显,制约数据安全合规要求落地(图2-9)。

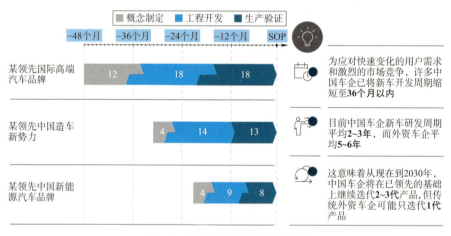

图2-9 当前车企产品迭代速度

资料来源:专家访谈,公开资料。

②零部件交付方面,智能化零部件多由第三方供应商提供,内部代码不会开放给车企,对车企来说处于"黑盒"状态,车企暂时难以在整车设计开发过程中对这部分零部件进行代码审计,只能通过合作约束来把控安全合规。存在数据安全责任向供应链上游传递不畅、权责划分不明确等问题。

(4)车端计算、存储等资源有限导致安全产品与汽车适配性差。

①传统防火墙、入侵检测等防护技术经过轻量化处理后,能直接迁移到汽车数据安全领域,但车端硬件资源有限,实现安全嵌入并稳定运行仍存在技术瓶颈,导致数据安全产品与汽车的适配性较低。例如,某车企提出将亚信安全的IDS(入侵检测系统)安全产品引入T-BOX中,但仅预留了5%的资源消耗给入侵检测,远不能满足产品的计算资源需求。

②数据脱敏也会占用较大算力空间。据调研,全车摄像头的影像数据在车端脱敏会消耗10%~20%的算力,大幅挤占自动驾驶、智能座舱等智能化功能的算力空间。为保证行车安全和功能运行,汽车行驶过程中产生的数据不会进行实时脱敏。

(5)基于企业固定边界的防护无法应对汽车创新互联和数据共享所面临的安全风险。

①智能网联汽车、云服务、手机App等共同构建了一个庞大的生态系统,边界安全防御需要把相关主体和系统考虑进去,车企原有的固定边界防护已经无法适应智能网联汽车日益复杂的网络互联和数据共享场景。

②当前每辆智能汽车车端电子控制器数量已经超过上百种,车辆与路侧基础设施也会进行数据交互,此类分布式控制系统边界目前的安全防护是在车辆定型后,根据暴露的问题采用"打补丁"的方式开发安全组件,难以在智能网联汽车复杂的异构网络和异构工程系统上实现全栈式纵深防御,导致漏洞风险指数级增长。

(6)数据处理主体的"自我规制"观念不够。部分企业对数据安全管理体系建设重视程度不够,导致不同参与主体的安全管理水平不对等。

①对于车企,绝大部分企业自建数据安全团队,配备了足

够的安全人员，但仍有部分企业数据安全管理体系流于形式且彼此独立，缺乏统一的组织架构。例如，某传统车企的数据安全合规由研发部负责人兼管，数据安全则由车联网运营部门负责。

②对于零部件供应商，博世、大陆、电装等头部企业十分重视数据安全并建立了相应管理体系，但绝大多数中小型零部件企业、汽车维修服务提供商，在技术创新和资源投入上能力不足，安全意识、管理机制、组织建设方面仍有所欠缺。

（7）安全合规、用户体验、产品成本之间的平衡难以兼顾。

①汽车数据脱敏处理流程复杂，涉及数据预处理、敏感区域定位、匿名化处理等操作（图2-10），需要一定算力支持❶。但为保障自动驾驶功能不受影响❷，不断提高的汽车算力峰值会变相刺激汽车芯片需求量的增加，增加整车成本。为保证车外传感器对道路环境数据的合规采集、存储、处理和使用，需要搭建合规私有云，也会增加车企成本。据调研，一辆车若满足现阶段我国数据安全合规要求，所增加的成本最少为300元。

②智能汽车的服务和使用体验创新，尤其是智能驾驶从L2向L3/L4升级，高度依赖车端摄像头、毫米波雷达等传感器采集的数据。经过匿名化等合规处理后的数据，利用价值可能会降低，进而影响用户体验的升级。

---

❶ 1路帧率为30帧/s的640×480视频流，进行脱敏处理将占用目前市场最先进的车规级计算芯片（英伟达Orin，254 TOPS）总算力的3%~4%，预计全车摄像头采集的数据进行脱敏处理会占用整车算力的10%~20%。

❷ 按照峰值计算方式进行统计，部分车型L2/L3级自动驾驶功能消耗车端算力的50%~60%，最高可消耗近90%的算力。

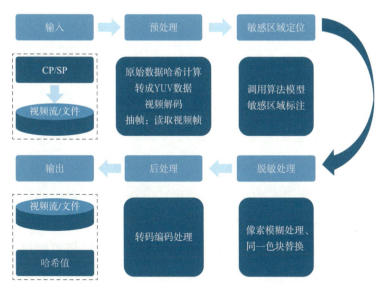

图2-10　汽车数据脱敏流程示意图

资料来源：车百智库研究院。

四、促进企业完善数据安全能力的建议

（1）完善数据分类分级指导要求。

建议以上位法为依据，对现有汽车数据相关法规政策文件进行吸收、归纳及融合，更新并细化汽车数据管理规范。一是适时更新《汽车数据安全管理若干规定（试行）》对重要数据的定义。二是借鉴企业实践，系统性提出汽车数据分类分级规范标准。三是加快制定汽车行业重要数据参考目录。

但也要注意，细化的管理指导文件应让技术发展适度超前，建议采用分阶段、分周期的策略制定和实施，给企业提供指导的同时，避免监管对智能网联汽车发展造成制约。

（2）加快防护技术验证及标准制定。

基于"急用先行"原则，有序推进汽车安全防护技术标准制定。优先推动诸如数据脱敏、数据共享等与现阶段产业发展高度相关的标准制定，逐步建立起覆盖数据处理全生命周期、多类具体场景的技术标准体系，促进更多汽车智能化功能安全可控地在汽车上应用。

（3）加强上下游协同，强化供应链安全管理。

将车企的数据安全管理要求向上下游产业链延展，确保供应链的安全管理机制具有持续性。可参考云平台责任共担模型，建立汽车数据安全责任共担机制，将安全责任落实到全产业链各环节，促使各参与主体形成"自我规制"观念。从全面评估潜在风险、确定预警指标、建立监测系统、制定应对策略，到形成供应链风险预警机制，减少数据面临的潜在风险和威胁。配套建立信息共享机制。一方面，加强车企与供应商在整车产品数据安全的沟通与协作；另一方面，双方应积极主动跟踪监管方对供应链各环节的网络安全要求，分析预判、及时获取潜在合规需求。加快智能网联汽车核心零部件的国产化替代，强化底层零部件安全防护。借鉴理想和地平线的合作经验，积极鼓励零部件企业和车企"结对子"，促进国产智能化核心零部件的技术发展和推广应用，降低国外零部件可能存在的安全后门。

（4）加强数据安全配套服务供给。

依托行业智库、协会等机构的力量，培育和发展检测认证、监测预警等配套机制与技术，支撑国家建立汽车核心数据库、安全事件案例集等公共服务平台。

培育壮大独立的第三方汽车数据安全检测机构，强化车内外感知设备、车载车机系统、车联网关键设备等数据安全检测、评估和准入认证服务。既能为企业数据安全检测认证提供便利，又能作为政府监管的有效补充，帮助政府摆脱"信任危机"。

借鉴美国汽车制造商联盟和全球汽车制造商协会牵头成立的信

息分享和共享中心经验，行业机构可联合本土车企建立汽车安全风险/漏洞信息交流与发布平台，如主流芯片或操作系统的漏洞平台等。同时，鼓励企业进行漏洞共享与上报，将多方实践安全漏洞信息汇聚一起，让企业第一时间了解最新的汽车漏洞信息，及时进行系统更新。保持行业统一的安全防护水平。

针对影响大且价值极高的数据，如敏感区域地理信息、车辆行驶过程中采集的道路数据等，由行业机构带动企业支撑相关监管部门建立专门的领域数据库，既能对这类数据进行统一的收集和防护，动态监测数据的实时使用情况，及时发现违规行为，也能为企业获取数据进行技术迭代和产品升级提供权威、合规、便利的途径。

（5）通过试点开展数据安全实践。

在政府监管部门指导下，以行业机构为牵引，开展智能汽车试点示范时，将数据安全也纳入其中，大规模进行汽车数据安全防护技术和管理机制的实践应用并总结经验，帮助企业提升安全能力水平。

①带动整车制造、软硬零部件、安全技术等细分领域企业共同参与汽车数据安全防护技术在汽车的应用试点，制定技术标准并进行反复测试。

②在数字贸易试验区和数字经济特区，充分发挥沙盒监管制度提供的试点机制，营造开放、包容环境，为智能网联汽车数据安全合规提供技术创新的训练场。鼓励企业在监管沙盒内探索脱敏计算、隐私计算、区块链等安全技术在车端的创新应用，逐步攻克算力不足、数据接口不统一、软硬件配套不完善等诸多技术难点。

（6）引导企业变被动为主动，加强数据安全合规。

引导企业主动加强数据安全合规，能够帮助企业适应不断变化的安全威胁和挑战，营造合规、有序、安全的产业发展环境。

建立通报制度和信息共享机制，及时向企业通报最新的数据安全事件和风险信息，提高企业防范意识；通过政策激励、资金支持等方式，鼓励企业进行数据安全技术创新和合作。例如，设立针对汽车数据安全技术的研发专项，提升企业在数据安全方面投入的积极性；通过媒体、社交平台、公共讲座等方式开展宣传和教育，提高消费者对数据安全的认知和理解，倒逼企业主动加强数据安全能力建设。

（7）推进消费电子与通信行业积累的安全技术、合规经验与汽车使用场景深度融合。

智能手机、智能设备等行业积累了丰富的数据安全技术与合规经验，在依据汽车行业本身的发展规律基础上，结合汽车行业的具体场景，将安全技术与合规经验引入汽车行业。例如，在保障用户对企业使用个人信息的知情权与同意权时，一方面可参考手机行业的隐私政策，制定汽车产品的隐私政策文件。另一方面"告知同意"需要考虑汽车的使用环境，在坚持法律法规的基础上创新交互方式，在不影响行车安全的基础上履行告知义务。

第三章
CHAPTER 03

AI赋能智能网联汽车

第一节　从自动驾驶到AI汽车

一、汽车智能化出现新的分化

汽车产业革命"上半场"主线是动力系统从燃油系统切换到电动系统的变革,"下半场"的竞争焦点又转移到了智能化和网联化,中国处于变革的最前沿(图3-1)。这次变革一方面发生在汽车之外,智能化基础设施通过车联网为汽车赋能,这是中国特色。另一方面,汽车自身智能化使得汽车内部越来越像一个超级移动智能体。在人工智能时代,汽车内部智能化又出现了一次新的分化,将围绕智能驾驶、AI汽车两条赛道展开。

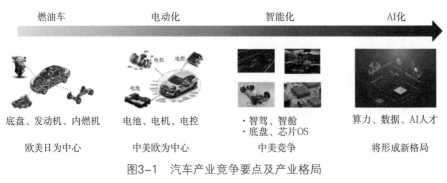

图3-1　汽车产业竞争要点及产业格局

资料来源:车百智库研究院整理。

第一条赛道是智能驾驶/自动驾驶。"主战场"致力于解决汽车如何更好驾驶的问题,目标是实现未来汽车无人驾驶,在汽车芯片、车载操作系统、不同等级智能驾驶解决方案以及人工智能在汽车应用等领域产生了许多创新成果。

第二条赛道是AI汽车。过去"智能座舱"这个称呼低估了人工智能对汽车内部空间带来的全面彻底变化。因此，我们建议使用"AI汽车"来代表这一领域的发展。AI汽车解决的是汽车内部空间里如何更好玩的问题，与智能驾驶的"好开"形成互补。AI汽车的发展主要体现在大模型对汽车交互、娱乐、出行等功能的升级，是传统智能座舱概念的升级和拓展，是更高层次、更多内容的智能空间体。

二、智能驾驶呈现加速发展态势

智能驾驶技术在解决汽车"好开"的问题上已经取得了显著进展，进入了快速发展的阶段。目前，新车中50%以上的乘用车都具备了辅助驾驶功能，且其渗透率提升速度远远快于过去电动化渗透率的提升速度，处于短时间加速提升的发展阶段。

此外，自动驾驶技术路线也逐渐清晰。单车智能和"车路云一体化"两种路线中，单车智能的主流技术路线由过去基于规则的技术训练和定义，逐渐转向端到端的新技术路线，并已渐渐成为主流，一些基于此路线训练出来的技术方案已经开始应用于汽车。自动驾驶呈现出更快速迭代创新的特征。AI技术在解决汽车"好开"的问题上发挥了巨大作用，大模型开始深度参与到自动驾驶的研发和产业化中。

三、AI汽车成为汽车智能化发展的新阶段

不久的将来，电动化领域的"三电"技术大家会越来越趋同，从而形成通用化技术。在智能驾驶领域，整个汽车行业只能有两三

个或不多的自动驾驶解决方案，很可能也会在一定程度上实现一种分化的产业集中。

在这种情况下，体现差异化最重要的领域就是"好玩"，AI技术在汽车上的应用，很可能是汽车企业未来拉动消费和创新的重要关键点。它将推动更多的大模型技术和交互技术，如语音交互、声光电交互等，为车内工作和生活提供帮助，拓展全系车内服务，使汽车变得越来越有内容，越来越具有生活的服务属性。

实际上，AI终端已经逐渐走进人们的生活，手机已经从智能手机迈入AI手机，电脑也从传统PC迈入AI PC，这些终端已经成为人类生活、工作强有力的助手和伴侣。汽车作为放大的移动终端，AI技术在车内已经开始广泛应用，极大地带动了消费者的消费兴趣。

"好玩"已经成为中国汽车行业的另外一个亮点，中国在这方面具备独特的优势，甚至在全球处于相对领跑的地位。在AI汽车领域，很多先进技术都是通过"玩"带出来的，汽车人工智能应用除了解决汽车出行问题之外，还能创造更加丰富的智能空间体，深受消费者喜爱，这也是汽车行业和人工智能行业正在探索的重要领域，也可能代表着技术创新的方向，并为中国智能汽车发展带来新优势。

四、采用开放、跨界、包容的思路发展AI汽车生态

汽车是跨界技术应用最多、最有吸引力的应用场景，能够推动人工智能和互联网应用的发展。到了AI汽车时代，汽车的发展不仅需要依靠软件、芯片和系统集成来解决出行问题，还要靠更多跨界技术来解决"好玩"的问题。这些新力量、新元素、新质内容更多来自跨界，来自生产生活中的新技术、新平台企业，且范围极其广泛。

这些新技术在汽车上应用，会极大地改变汽车的功能和定义，丰富新一代汽车的生态。随着AI时代的到来，汽车的竞争将从产品竞争进入产业链竞争，也会进入原有汽车生态与新一代AI汽车生态的竞争。主导企业会建立围绕自身的汽车生态，汽车大国也会围绕本国汽车的竞争力形成国家层面的汽车生态，进而通过跨界改变汽车未来竞争格局。

五、加快打造智能驾驶和AI汽车双优势

我国拥有最为活跃的智能汽车市场，不仅有最愿意"尝鲜"的用户，也有很多不断探索"新玩法"的企业，智能化基础设施非常完善，算力总规模超过180 EFLOPS，5G基站总数达419.1万个，这是中国汽车行业在发展智能化上独有的优势。对于中国汽车行业和相关行业来说，我们要紧跟智能驾驶的变革步伐，在这条主赛道上不能落后，也要在更具优势的AI汽车赛道上建立优势。既要掌控智能驾驶，又要丰富智能生活，让汽车既好开又好玩，这样才能在汽车行业的变革中行稳致远。

第二节　AI成汽车智能化决胜关键

一、智能汽车与AI加速融合

（1）AI将成为汽车产业变革的新决定性要素。

电动化、智能化演进还未完成，以大算力、大数据、大模型为

代表的人工智能开始和汽车产业融合，其全新的技术迭代范式、机器语言体系将颠覆传统智能驾驶、智能座舱等技术路线，推动智能汽车再一次代际升级。在传统智能化发展基础上，AI将给汽车产业带来新驱动力，再次推动汽车产业变化叠加，缩短汽车变革周期，成为汽车变革中新的决定性要素，甚至成为汽车产业发展的新常态。

（2）汽车产业技术高地和企业战略支点向AI驱动的智能化快速迁移。

新发展阶段比拼的是认识、速度、投入等多维度的综合能力，竞争的门槛越来越高、窗口期越来越短。过去在电动化、传统智能化阶段积累的竞争力，已经难以支撑汽车企业进一步发展，企业的技术创新和产业发展支点，正快速向基于AI驱动的新型智能化快速迁移。

①算力、芯片、算法等新质要素成为企业核心竞争力。是否在新质竞争力上构建起自研能力或者核心能力，将是新竞争阶段的关键点。例如，特斯拉计划2024年底将搭建100 EFLOPS智能算力，超过国内所有车企算力总和，且在FSD方面累计投入达百亿美金，奠定了特斯拉智能化的核心竞争力。

②建立智能化、AI化技术领域的合作"朋友圈"，也成为打造自身竞争力的模式之一，长安、上汽、广汽等车企与芯片企业、软件企业和解决方案企业深度绑定，充分利用生态合作构建新竞争力。

③消费者对AI驱动的智能化功能和技术认可度越来越高，智能化功能体验成为购车优先决定因素之一，有接近80%的用户对AI技术应用于汽车持积极态度。

（3）AI与智能汽车融合将重塑汽车产业链、价值链。

AI与智能汽车融合，加速了汽车从单纯的交通工具向提供持续服务和更新体验的智能体转变，这一转变推动着整个产业向智能化、互联化、个性化和服务化方向快速前进，形成了更加多元和开放的产业生态，并拓展了汽车产业价值链，提升了盈利水平。

①车企与科技公司、软件开发商以及零部件供应商的合作将超越传统供应链关系，转而形成一种更为紧密、互惠的共生伙伴关系。多方协同创新服务、运营流量、挖掘数据价值，为用户带来更加丰富、个性化且无缝链接的体验，共同应对市场和竞争，也推动了汽车供应链由传统垂直链式向融合网状供应链生态演变，从而形成新型生态协同供应的服务体系。

②"数据+软件"订阅服务的探索与推广有望加速。汽车产业盈利结构将从单纯的整车销售向软件及增值服务扩展，参考智能手机行业，2023年苹果公司的软件及服务营收852亿美元，占总营收接近22.2%，毛利贡献达35.5%，核心原因就是软件毛利率超过70%。汽车行业硬件成本高，软件及其增值服务的利润虽无法达到智能手机的占比，但也有望扭转行业利润率持续下滑的局面。

③用户不再是变革被动的接受者，而变成了汽车服务和创新的共同创造者。这使得车企能够更准确地理解、快速响应用户需求，与用户建立起更加紧密的关系，树立更加高端、专业的品牌形象，并降低维系用户关系的成本，增强品牌吸引力和竞争力。

二、AI重塑智能汽车用户体验

（1）被动式体验向主动式体验演进。

当前车载软硬件功能主要依靠用户发出的指令触发，车辆根据语音或动作指令被动响应，交互模式单一、不拟人，且大量功能因难以被用户感知而闲置。据统计，2024年平均每辆车安装的智能配置（功能）数大约为13个，但消费者可感知的不足5个。

AI汽车将带来人机交互的升级，感知从被动接受指令到主动感知舱内人员意图，任务执行从授权执行到主动执行，充分调用车内功能，可实现如智能加油提醒、堵车/疲劳场景主动聊天、根据车内外环境动态控制温度等功能。

（2）体验边界由车机向车舱内、舱外拓展。

汽车智能化功能早期聚焦于汽车本身，人车交互的主要场景为座舱内，不考虑舱外环境。AI汽车将提供更广泛的互联和计算能力，除车内人员、车辆本身外，综合车外环境——家居/手机互联的多源信息，可提供更广泛的场景体验。例如，根据外部不同的地域、经纬度、地形地貌管理能源、驾驶状态，并提供不同的舱内环境调节；车手/车家互联模式下实现远程自动开灯、远程自动座椅预热等。

（3）接入式体验向原生体验演进。

百度智舱业务部总经理李涛认为，现阶段智能座舱应用大多来自手机/平板电脑迁移，单台汽车上搭载的App最多达到189个，但其中80%甚至更高比例的应用并不会被使用，甚至很多车载应用竞争不过"手机支架"。这不仅占用宝贵的车机算力及内存资源，也造成了用户在驾驶体验过程中的心智和认知负担。

未来，AI有望依托"人、车、世界"的全方位融合感知，"历史数据+个性化设置+场景分析"的全局化解决方案，"声、像、味、触、感"的全域协同执行，形成汽车原生体验，推动智能网联汽车真正成为继电脑、智能手机之后的第三个超级生态。

三、AI汽车发展对关键零部件提出要求

（1）计算芯片向高算力、高效率化发展。

智能驾驶端到端技术路线和智能座舱中AI大模型端侧部署，资

源消耗大、计算要求高，提升车端算力及使用效率成为优化AI体验的重点方向。

①算力方面，特斯拉、英伟达、高通、地平线、黑芝麻等新一代智能驾驶芯片的最高算力是现有产品3倍以上，可达500~2000 TOPS；高通、联发科、英特尔的座舱芯片算力，从上一代的不足10 TOPS提升至30~300 TOPS。

②算力利用方面，蔚来、小鹏、理想、Momenta等车企及智能驾驶方案商采用自研芯片模式，以软硬件协同加强算力利用率。蔚来创始人兼CEO李斌提到，其5nm智能驾驶芯片神玑NX9031已流片成功，利用高性能ISP（图像处理单元）和NPU（神经网络处理器）加速单元，可实现更高的算力利用效率。

（2）芯片集成度提升打造整车AI智能体。

随着AI大模型走向文字、音频、视觉的多模态交互，汽车计算芯片正向更复杂的异构集成方向发展，不仅包含CPU、NPU等计算单元，以及GPU、DSP、ISP等图像、音频、视觉处理单元用于处理感知信息，还需纳入各类通信、网络接口打通不同车身域，以支持更丰富的应用。

此外，一芯多用还可复用单芯片算力，降低智能驾驶与智能座舱硬件成本。目前主流芯片企业如英伟达、高通、联发科、瑞萨、黑芝麻等均已发布跨域融合产品。高通即将发布8797中央计算芯片，融合AI座舱与高阶智能驾驶功能；英伟达Thor具备舱驾融合能力；黑芝麻智能CMO杨宇欣提到，跨域融合"武当"系列芯片，从上一代二十多个IP核提升至了五十多个，单芯片最高可支持座舱、驾驶、车身、网关四域融合。

（3）操作系统向整车化、AI化演进。

①大模型AI助手/AI管家需要调用各类车载软硬件提供的服务，

以向用户提供完整体验。这将加速汽车电子电气架构向集中化演进，域控OS（操作系统）向整车OS演进，加速整车软件的SOA（面向服务架构）化。

②AI上车将驱动OS向AI化演进，从简单接入API、集成和支持AI明星应用（AI in OS），到利用AI技术来优化OS的安全性、稳定性和性能（AI of OS），再到远期针对AI设计OS（OS for AI），将AI内化为系统级能力（AI as OS）。

（4）对于软件测试验证工具链的要求不断提升。

①AI增加了软件测试验证的难度。中国科技大学教授杨子江认为，AI深度学习的本质是预测概率事件，其能力用于软件开发尤其是自动驾驶决策功能需要大量的测试工作。考虑到AI模型的可解释性问题尚未解决，目前正在成为业界主流的端到端智能驾驶方案需要全新的测试验证体系。

②车用软件的复杂度、维护周期和测试效率要求将持续提升。镁佳（北京）科技有限公司副总裁李思维指出，2015—2025年汽车代码量平均每年增长21%，外界设备传感器逐年增加，车辆从"一锤子买卖"变成全生命周期更新迭代，软件/算法在AI技术的加持下迭代速度也在逐渐提升。

（5）底盘与AI结合，提升舒适度与安全性。

底盘是汽车行驶的"小脑"，其动力学控制能力决定了车辆驾乘体验。蔚来创始人兼CEO李斌认为，传统汽车底盘硬件以机械属性为主，但AI可结合智能驾驶与线控底盘，将算法实时应用于车辆控制。具体来看，通过AI算法，可实时感知路面的附着系数、路面状况以及车辆振动、颠簸等实时数据。结合云端与车端的数据、算力预测路况，既能控制悬架提升驾乘体验，也能控制整车动态实现安全性、能量回收等方面的提升。如蔚来打造的行业首创4D全域AI

底盘，可实现舒适制动、雪地湿地模式、全域舒适领航等功能。千顾科技联合创始人兼CPO徐松云表示，该公司开发的VMC车辆动力学控制软件，协调底盘各执行器，可带来更好的加速、制动与动态性能。

（6）车端感知能力多元化。

汽车丰富的感知能力将为用户带来更舒适、安全、好玩的体验，实现全局规划与全域执行能力。如AI智能体可以理解外界场景，动态调节整车驾驶模式与热管理，也可感知舱内人员状态，主动提供个性化、场景化辅助服务。但汽车感知能力有限，光线不良或夜间、雨雾、沙尘等均会对感知结果造成较大影响。高德红外/轩辕智驾产品总监舒俊认为，红外线成像技术依靠热辐射成像，不受光线影响，大气穿透能力较强，可弥补此类特殊场景的缺陷与不足，还可探测温度，带来更丰富的座舱体验。目前该公司开发的红外热成像智能驾驶系统，已搭载于东风猛士、广汽Hyper GT、吉利L380等车型，同时该技术还可实现智能空调、高温安全预警等座舱功能。

四、AI能大幅提升企业"研、产、供、销、服"全链条效率

（1）AI能够重新塑造汽车企业的管理模式和经营边界。

越来越多的中国车企采用多品牌战略，从过去的Tier1延伸至Tier2甚至原材料端，企业管理难度和复杂系数远超以往，这也是企业在提升品牌力、创新能力、国际化水平等方面的共性难题。AI技术作为通用的基础性技术，能够贯穿汽车"研、产、供、销、服"全生命周期各环节，是智能电动汽车企业提升经营能力的利器，极

有可能成为中国企业"从大到强",实现换道超车的抓手。

（2）助力企业数字化转型,推动全面、精准、高效的决策。

企业人事、质量、成本、物流、生产制造等方面的数字化转型,往往停留在简单的信息化、联网化层面,缺少有效的管理模型。AI的引入,能够帮助企业通过数据分析、智能制造、智能销售、智能服务,快速形成全面、精准、高效的决策建议,从而解决复杂的经营难题,提高整体管理水平。火山引擎汽车行业总经理杨立伟表示,字节跳动的飞书以大模型为基础,能够帮助工作人员做会议总结、会议文档,也可以自动列举开会过程中的记录内容。

（3）提高企业全链条经营效率。

人工智能能够从汽车"研、产、供、销、服"各环节对企业进行全方位赋能,有效推动企业创新发展。

①设计开发方面,AI代码工具能生成部分软件代码。蔚来创始人兼CEO李斌表示,企业代码助手可提升30%的代码编写效率。大模型还能够提升海量数据的自动化标注效能,并将视频高效地提取出来,形成文本并完成多模态的检索。视频生成的大模型还能够合成数据并生成场景,解决数据获取难、训练数据和仿真数据不足等问题。

②生产制造方面,结合整车测试与零部件检测数据,大模型用于智能抽检,可提升整车测试效率与零部件不良品检出率。蔚来F2工厂有90km百G光纤环网,可以把采集的影音数据提供给AI质检助手,提升工厂质检效率和工作质量。如在生产冲焊环节,能将检测精度提高一个量级至0.1mm。

③市场营销方面,大语言模型可统计、分析社交网站、App、企业侧智能终端等多维度数据,从底层优化营销策略,还能协助开展营销洞察、销量预测、库存优化等,反辅企业制定车型开发计

划、生产排期等经营策略，这也是最为成熟的应用场景。目前，智谱华章、华为云等企业的大模型已在多家车企中应用。

④用户服务方面，AI大语言模型接入客服系统，能快速分析客户提问，捕捉关键信息，更精准、快速理解用户使用痛点，并生成回答，处理效率远超依靠纯规则所能达到的效果，蔚来、理想等企业据此能提高50%的客户服务效率。

⑤维修服务方面，借助大模型学习汽车结构、故障库等知识，可为车主提供维修提醒、维修方案管理、故障处理推送、救援保障等服务；也可为一线维修人员提供知识推荐、知识检索等辅助工具，降低车企介入率及专家的培养时间。例如，华为NLP大模型能帮助车企降低维修介入率30%以上，大幅缩短售后专家培养周期。

五、AI汽车需要构建新的智能算力设施

智能算力基础设施的不足，是智能网联汽车加速发展的主要制约因素。汽车与AI深度融合，端到端智能驾驶、座舱大模型等加速在汽车上应用，对智能算力的需求快速增长。智能驾驶端到端技术路线所需算力为1 EFLOPS起，理想算力需达100 EFLOPS以上；座舱基础AI大模型训练需10 EFLOPS算力以上，垂类模型训练及微调需数百到数千PFLOPS。

算力供给方面，我国车企算力平均仅为3 EFOLPS左右，相较特斯拉的100 EFLOPS差距巨大；移动、电信、联通三大运营商规划算力也仅为53 EFLOPS（截至2024年底）。智能算力供给不足将制约我国汽车智能化算法的快速迭代。

"成熟"算力难增长，新增算力"不成熟"。"成熟"算力指英伟达的"有芯片、有软件生态"智能算力，但受美国出口管制影

响，我国只能使用存量芯片进行AI计算，"成熟"算力总量受限。

"不成熟"算力指华为昇腾、寒武纪、海光、摩尔线程等的"有芯片、缺软件生态"的智能算力，此类芯片已初步形成供应能力，但各家硬件架构不一，软件生态覆盖、兼容算法尚不完善，软件开发人员使用困难，导致算力基础设施拓展缓慢，算力应用效率偏低。需丰富"不成熟"算力软件、生态，减少算力硬件"卡脖子"的问题。

六、协同好单车智能与车路云融合发展

智能驾驶进入数据驱动阶段，竞争要素发生改变。随着智能驾驶与AI深度融合，以数据驱动的端到端智能驾驶成为应对自动驾驶长尾场景的有效路径。与以往依靠工程师编写代码（手工模式）的智能驾驶研发方式相比，端到端智能驾驶通过大量实采数据，结合大算力及感知决策规划的模型化，真正实现了基于数据驱动的迭代升级（机器模式），使得端到端智能驾驶方案的技术上限、迭代速度和拟人化程度均得到指数级提升。同时竞争要素转移到数据、算力、模型等领域，但国内在先进算力、数据规模方面存在较大短板，要实现与特斯拉FSD的正面竞争面临很大挑战。

国内应充分发挥单车智能和车路云融合优势，构建"两端输入"式智能驾驶发展路线。特斯拉FSD是单车智能"一端输入"式的感知方式，尽管可以应对绝大多数驾驶场景，但仍存在感知视距不足和视野盲区等痛点。融合单车和车路云的"两端输入"式智能驾驶新方案（C-FSD)，不仅能够实现单车智能驾驶的基础功能，还能实现超视距感知，提升车辆驾驶安全和交通效率。此外，基于C-FSD可实现数据共享、算力统筹、模型共建，降低企业研发门

槛，一定程度上解决技术、资源、市场分布不均的现状，实现创新平权，释放初创企业的创新活力。

第三节 加快AI赋能汽车发展的建议

一、加强AI赋能汽车产业的政策支持，构建开放包容的监管环境

当前，汽车产业的竞争战略正在从以电动、智能为主的竞争向AI领域快速转移，过去电动化领域的支持政策已不适应AI发展的需求。

在基础技术方面，应尽快出台支持汽车产业与AI深度融合发展的政策，加强对基础大模型、AI训练芯片及工具链生态、万卡及以上算力集群、数据闭环工具、AI原生操作系统等底层基础技术的研发攻关，构建自主技术体系。

在监管环境方面，AI大模型与汽车产业融合仍处于初期，应坚持以鼓励应用、安全底线的原则，适当放宽对新技术的容忍度，可充分借鉴欧美国家和地区关于信息安全、数据安全的法规标准认证制度，鼓励AI更好发展。

二、推动智能算力共建共享

随着大模型的快速发展与应用，行业对智能算力的需求快速增长。国际上，基础大模型科技巨头智算能力已达到百万块GPU（以

A100为单位）的能力，而国内巨头智算能力仅达到数万到数十万块GPU，与国际上存在数量级差距。基于此，应推动政府和行业机构牵头，推动国内存量英伟达GPU等"成熟"算力资源集中共享，保障基础大模型的训练迭代速度，减少重复建设带来的资源浪费。

针对使用华为昇腾、寒武纪、壁仞科技、摩尔线程等国产AI训练芯片的"不成熟"算力共建，应通过实际应用迭代工具链和生态，加速国产AI训练芯片的成熟与规模化应用。

三、提升高质量数据供给能力

AI大模型在汽车上应用对高质量数据要求很高，尤其是端到端智能驾驶领域，数据量和数据质量已成为决定智能驾驶体验最主要的因素。国内车企独立采集数据、独立训练的模式很难和特斯拉等国际巨头竞争。在端到端训练数据方面，国内车企智能驾驶训练数据仅在百万Clips级别，远低于特斯拉超1000万Clips的数据量。因此，国内应尽快统一汽车数据采集、标注、传输及加密标准规范，加快制定数据定价、权责划分、流通交易等制度，为构建数据共享平台奠定基础。建议地方政府先行先试，探索敏感数据合法合规流通路径，构建开源智能驾驶数据集共建平台，以形成场景覆盖全面、采集成本最低的数据供给体系。

四、坚定跨界融合发展战略，加速赋能车企智能化、AI化转型发展

汽车进入智能化、AI化发展阶段，底层技术、研发模式、人才结构等相比电动化阶段发生巨大变化，传统车企单纯依靠自身力

量很难实现转型。要坚定跨界融合发展的战略路线，鼓励车企和芯片、操作系统、智能驾驶解决方案等供应商深度合作，以投资入股、成立合资公司、共研核心技术等方式，构建车企具备主导能力的产业生态。加快构建跨界创新平台，制定跨界产品装车应用的产品及技术标准、检测认证体系等，解决新技术在汽车应用"最后一公里"的问题。

五、完善大模型标准及评价体系

大模型在智能座舱领域的应用呈现加速态势，人机交互体验显著提升，但同时，大模型在训练数据合规性与可靠性、数据传输阶段泄露等数据安全方面，在生成内容存在偏见、幻觉、虚假信息等内容可控方面，在对语言的理解、逻辑推理、信息归纳等场景应对能力方面等仍存在隐患。

下一步要尽快建立大模型汽车应用与评价标准体系，一是针对人机交互、车辆控制等强需求领域，基于差异化场景制定大模型在汽车应用的标准；二是加强大模型基础理论研究，不断拓展大模型与汽车产业融合应用的标准体系，加快明确大模型透明度和可解释性；三是明确大模型数据安全、模型训练、模型使用等环节的安全要求，完善大模型安全评估的流程、方法、工具。

PART 03
第三篇
城市协同

第四章

CHAPTER 04

从车路协同到车路城协同

第一节　车路协同内涵外延发生变化

传统的"车路协同"最早在交通领域被提出，其主要目的是解决交通方面的问题。此后，在技术发展的推动下，车路协同逐渐成为汽车和交通领域共同关注的技术路线。随着汽车进入智能化、网联化发展新阶段，传统车路协同的定义、外延和功能存在一定的局限性，具体表现在：一方面，主要服务于交通出行的车路协同在技术上难以支撑汽车向高等级自动驾驶迈进；另一方面，车路协同应用领域过于单一，在汽车和城市方面的应用较少。

在此背景下，车路协同的定义、外延和功能需要根据汽车、交通、城市的发展来进行充实，以适应三个领域共同的智能化需求，于是"新一代车路协同"应运而生。将新一代车路协同与中国的实际情况结合起来，可称之为"双智"协同，即智能网联汽车与智慧城市协同，代表着车路协同发展的新阶段、新理解，也促使车路协同向车城协同方向拓展（图4-1）。

图4-1　车路协同涉及多个智能化领域

资料来源：车百智库研究院整理。

相比传统的车路协同，"双智"协同的定义更丰富，其不仅仅要解决车与路的协同问题，还要能解决车与城的连通问题；同时，其外延和功能也发生了新变化，从过去主要服务于以高速公路和快速道路为主的交通出行，进一步拓展到既支持高速公路和快速路的安全和效率提升，同时满足汽车智能化的发展需求，支持汽车进入自动驾驶时代，以及支持汽车、交通、城市通过道路设施的改造来促进城市实现智能化管理。

第二节 "双智"探索的成果与不足

2020年，住房和城乡建设部、工业和信息化部联合组织开展"双智"试点工作，拉开了我国在"双智"协同领域探索的序幕，这是我国首次系统性推进车路协同向应用范畴更广、融合程度更深的车城协同方向发展。此后，16个"双智"试点城市根据自身产业特色，制定试点任务和重点项目，加快推进智能化基础设施、新型网络基础设施、"车城网"平台、示范应用场景建设，逐步完善管理规定和技术标准，持续探索车路城协同发展的投资运营新模式，不仅加快了本地区数字化基础设施的建设进程，也为群众出行、交通管理和城市管理探索了新路径。

（1）建成了全球规模最大的智能网联新型基础设施。

"双智"试点城市明确定义了服务智能网联汽车应用的感知、信息、算力、定位等新型智能化基础设施类型，主要包含摄像机、激光雷达及毫米波雷达等，5G及蜂窝车联网（Cellular Vehicle-to-Everything，C-V2X）等网络、路侧边缘计算设备，网络边缘云算力设施、中心云算力设施，路侧单元（RSU）、高精度定位地图等设施，共同作用支撑智能网联汽车应用。在建设方式上，按照"全域推进+分级建设""利旧复用""多杆合一"等方式开展，经过两年试点，形成了世界领先的5G与C-V2X网络规模化覆盖，共完成约3000个路口改造，累计安装10000余套各类路侧设施，完成约50万个5G基站建设等。例如，北京市经开区建成了摄像机、毫米波雷达、路侧计算和通信单元等新型智能化基础设施，覆盖60km^2 329个路口；并按照"两网并行、互为冗余"的原则建成了C-V2X与增强型超高量第五代无线通信技术（Enhanced Ultra High Throughput-5th Generation，EUHT）两套专用通信网络，实现了道路信息的实时感知和有效通信，满足自动驾驶、交通管理、公安等深度共用。上海市嘉定区以安亭镇（国际汽车城）及嘉定新城核心区为重点，覆盖230km道路和287个路口，建设AI智能摄像机、激光及毫米波雷达、路侧控制单元等智能化设施，以及5G基站、北斗定位基站、5G专网及全光专网等通信设施，实现对路口全时空、全要素的数字化管理，支撑了智能网联汽车和多类特定场景车辆的测试运行。

（2）探索搭建了实时感知的"车城网"平台。

"双智"试点城市建成了架构完善的区域级"车城网"平台，连接和处理城市道路、交通、汽车等多维度、多层次的动静态数据，开发不同的功能模块，实现平台、汽车、道路和城市的有机对接。例如，上海市嘉定区融合城市信息模型（City Information Modeling，CIM）平台、新能源汽车数据中心等平台信息，汇聚智能网联车辆、高精度地图、道路公共设施、动态交通信息等数据，支持智能网联设备监管、智能网联车辆监测、车路协同信息服务等应用功能，支撑实现智慧城市治理场景。武汉市"车城网"平台以数字孪生技术实时融合车联网、城市物联网动静态数据，推动了智慧城市服务、智慧交通、智能公交、自主代客泊车、车路协同、智能网联汽车安全监管、交通诱导等多种应用的测试与落地，接入自动驾驶、社会车辆、经开区全域智能公交车及2000余个停车场等数据，为多家运营商开展开放道路自动驾驶测试提供了安全监管服务，并将城市环境信息、停车场信息、信号灯数据实时推送给智能网联汽车，为优化公交线路运行和车站布局提供支持，在智慧出行、智慧交通、智慧城市等管理场景产生了良好的社会经济效益。

（3）打造了国内一流的应用场景集群。

"双智"试点城市以"需求引领、应用驱动、设施先行"为原则，以自动驾驶监管能力建设和测试里程为基础，推动自动驾驶应用落地。各地推进面向汽车、交通、城市的"车路城"协同应用，打造自动驾驶出租汽车、小型客车、物流配送车、环卫清扫车以及智慧交通信控优化、智慧停车等多种应用场景集群，助力汽车从"制造"向"智造"转型发展，促进交通服务从"出行"到"智行"，推动城市治理迈入数字化"智理"的新阶段，在社会效益、经济效益、产业带动等多方面具有重要现实意义。上海市投放无人驾驶专用车开展无人配送、无人清扫、无人零售等示范应用，完成嘉定区部分公交线路的公交车网联化升级，以高密度、大规模为特色优化提升区域智慧公交出行体验。武汉市经开区面向全市征集"度小镜"体验官，投放智能后视镜给普通社会车辆，以智能后视镜为载体，与智慧道路进行互联互通，成为智慧交通组成部分，探索基于车联网的信息交互和协同控制，保障交通安全，提升出行效率。芜湖市开展区港联动智能网联建设，推动"端到端"无人集装箱货车物流，降低企业成本，人员用工综合减少67%，保障作业安全，提升了港区通关效率及外贸便利化水平。

（4）加快政策创新与标准引领。

①政策创新方面，北京、上海、深圳、无锡等试点城市纷纷出

台促进"双智"产业发展的相关政策法规。深圳市先行先试,充分运用深圳经济特区立法权,发布了国内首部关于智能网联汽车管理的法规《深圳经济特区智能网联汽车管理条例》,通过特区法规解决智能网联汽车技术应用落地面临的法律法规问题,支撑智能网联汽车成果应用,打造全国最优营商环境;无锡市出台《无锡市车联网发展促进条例》,是全国首部推动车联网发展的地方性法规,在基础建设、应用服务、产业发展等多个维度实现全国首创,首次将车路协同基础设施纳入新建、改建、扩建道路建设工程,与道路主体工程同时设计、同时施工、同时投入使用,并制定车联网基础设施维护规则,保障车联网功能安全、稳定、高效运行;成都市出台《关于成都市促进新能源汽车产业发展的实施意见》,以政策驱动智能网联汽车产业发展,支持和鼓励市场主体开展智能网联汽车的示范应用和运营探索,规定在都市圈重点领域销售的车型需搭载车联网车载单元(OBU),并将设备接入市级车辆运行监控平台,极大地提升了车企参与度,有效改善了公共交通安全,优化了运输服务效率,推动智能网联产业生态建设。

②标准引领方面,"双智"试点城市组织本地企业、高校、科研机构等产业力量研究与制定"双智"标准,结合本地实践,形成了匹配地方特色的建设标准与规范,北京市围绕车—路—云—网—图—安全6个方面,构建支撑车路云一体化高级别自动驾驶发展的标准体系,在智能网联汽车技术、车路云融合基础设施、云控基础平台、专用通信网络、基础地图、安全管理等6部分作出定义,累计提出标准60余项,推进11项北京市地方标准研究,牵头5项并参与22项团体标准研究,同时参与3项国家、行业标准研究,为示范区开展大规模测试示范提供技术支撑,引领国内多场景应用落地,全面输出"北京经验"。广州市积极探索智慧化停车服务、自动引导停车

（AGV）、自主代客泊车（AVP）等多种智慧停车实践，联合其余15家"双智"试点城市编制《自主代客泊车停车场建设导则》，并完成导则技术验证，试点城市正在积极推广该导则应用。上海市在上海市通信管理局的组织指导下，联合电信运营商、科研单位、设备厂商、车企、自动驾驶解决方案商等20余家企业单位共同编制并发布《支持高级别自动驾驶的5G网络规划建设和验收要求》和《支持高级别自动驾驶的5G网络性能要求》两项团体标准，针对高级别自动驾驶提出明确的网络需求和建设标准，填补了国内外相应标准的空白。

（5）初步形成融合发展的产业生态。

"双智"试点城市着手推动智能网联汽车、智能充电桩、道路基础设施和云计算融合发展，形成全新的智能出行生态系统，促进了新技术与新产业深度融合，发挥城市建设撬动内需的重要支点作用，充分释放我国城市发展的巨大潜力，推动构建新发展格局。例如，北京市成立北京车网科技发展有限公司、北京亦庄数字基础设施科技发展有限公司等专业化公司，在政府主导下推进示范区建设运营，汇聚了百度、小马智行、蘑菇车联等头部企业参与打造示范场景，实现自动驾驶出租汽车、无人零售等八大类应用场景全面示范、协同发展。无人驾驶出租汽车、无人配送、无人零售场景已率先推进商业化运营。南京市积极探索投资建设新模式，充分发挥政府引导作用，吸引车企积极参与基础设施建设，引进中汽创智作为江苏软件园的投、建、运单位，助力江宁开发区加快促进"智能汽车—智能交通—智慧城市"产业链融合。

虽然"双智"试点建设和运营取得了显著成效，但试点过程中普遍存在的智能化道路建设成本过高、建设标准不统一、无法大规模推广等问题，限制了智能网联汽车可持续运营的商业模式探索。同时智慧道路基础设施的运营主体、运营机制不明确导致建设的智慧道路无法发挥应有的效益，间接限制了智慧道路、智能网联汽车、车路协同等技术的进一步发展。

（1）缺乏顶层统筹。

"双智"协同发展是一项综合性的工程，在实践中需要多部门协同。部分城市未形成明确的工作机制，存在责任归属不清晰、跨部门统筹协调难度大等问题。例如，各试点片区的基础设施、车辆、平台均为独立开发建设，缺乏顶层统一规划，后期给各片区的数据信息交汇带来一定困难。虽然部分试点城市短期内实现了数据的横向联通，但由于缺乏城市级车城网平台的统筹，难以长期实现全市智能网联建设"一盘棋"。

（2）资金筹措难度大。

由于智能化基础设施建设等工作前期具有建设规模大、投资周期长等特征，社会资本总体上持观望态度者居多，综合试点城市来看，投融资主体主要以政府及国有企业为主，在城市预算有限的情况下，地方财政压力较大，致使试点资金来源没有保障，而且设备后期升级运维也需要大量的资金投入，仅靠地方政府财政资金投入难以为继。

（3）建设标准不统一。

试点城市在建设过程中，重点以服务本地应用为目标，各地根据各自情况独立定义事件服务场景，所形成的成果以地方标准、团体标准为主。由于缺乏城市间的协作，加之各地对于双智标准的分级分类认识不同，使得试点城市的标准化工作较为离散，导致自动驾驶测试企业需要分别在不同示范区进行适配性研发，测试成本较高。同时，由于终端设备及数据交互接口标准不统一，缺乏统一的基础设施智慧化建设及改造标准体系，导致相关产品和服务在互操作性、兼容性等方面存在问题，部门间数据和设备无法做到互通互用，城市之间也难以实现互联互通，难以满足多主体的多层次需求，"烟囱效应"较为普遍。

近年来，智慧城市和智能网联汽车领域内相关标准制修订工作已取得了不少成果，但已发布的标准或是侧重于规范智慧城市建设，或是侧重于规范智能网联汽车发展，缺少车城融合领域的协同性标准，例如智能化基础设施建设标准、车城网平台标准、车城融合应用场景标准等有待完善。同时，地方编制标准形成的成果以地方标准、团体标准为主，不利于在更大范围、更高层面实现系统互认与耦合协同。智能道路规模化推广需要有相关标准成果支撑，城市和企业迫切需要国家出台统一的标准体系，加强顶层设计，指导地方建设，为实现跨区域系统互联互通提供支撑和保障。

（4）商业模式不清晰。

基础设施建设前期投入大、建设周期长、营利性不强，因此社会资本投入的积极性不高，仍以政府资金为主，但政府也难以承担全部建设成本，导致基础设施建设滞后，与智能网联汽车发展不协同；智慧物流、智慧公交等应用虽然具有市场化潜力，但目前投资收益模式仍不清晰，基础设施的建设尚缺乏可持续的"回血和持续造血"能力，难以驱动基础设施的技术迭代和发展；车城网平台汇集车路城海量、高实、多元数据，部分城市、企业开始积极探索基于数据的应用服务，但大部分城市未能有效利用，数据价值未被充分挖掘，数据变现路径有待探索。

第三节 "双智"协同迈入车路城协同

随着城市在车、路、城相关建设工作中的参与度日益提升，

"双智"协同稳步迈入3.0阶段,升级为"车、路、城"三位一体的协同方案,将汽车、城市与道路中同轨运行的功能融合在一起,有效解决了汽车智能化对道路支撑的需求,以及车路协同技术成果如何支持城市治理和满足管理需求等问题。车路城协同作为一套系统性工程,其涵盖范围广泛,涉及技术路线、道路建设、应用场景、法规体系、产业体系、标准体系等诸多内容,是具有鲜明中国特色的创新方案(图4-2)。

图4-2 车路城协同中国方案架构

资料来源:车百智库研究院整理。

(1)合理规划建设智能基础设施是车路城协同中国方案的关键。

以往的试点示范建设虽然投入了诸多成本,但也为我们积攒了丰富经验,这些探索无疑具有重要价值。如今,车路城协同已迈入小规模推广阶段,道路的建设应从以往的试验导向转变为以应用和需求为核心的导向。车路城协同的城市智能化道路建设应该以城市需求为出发点牵引基础设施建设,以低成本为原则,避免"高投入、少服务"和资源浪费现象。

(2)建设低成本的路不是终极目标,而是要采取分级分步的建设模式。

首先要分级,在需求特征、复杂性特征并不明显的道路两侧,应该以更低成本的建设为原则;需求、复杂性偏高的路,例如路口,可以建设一些中高等级的道路,但是尽量减少一步到位的高等级道路建设,这就是分步的原则。道路建设不是一步到位,而是动态化补充功能建设的模式。

(3)多样化应用场景助力提升城市综合管理水平。

车路城协同一定要融合车、路、城三个领域的多场景应用,把车的应用场景、路的应用场景进行融合,特别是要增加城市的应用场景,让这个系统体现出多方面的价值。过去只为智能驾驶的汽车服务,现在要更多地转向为城市的交通服务、为城市的管理服务,甚至是为交通管理的服务要优先于为智能驾驶汽车的服务,这样才让车、路、城应用更加丰富、更加有效。

(4)坚持赋能汽车智能化发展的定位。

技术与产业高速迭代的新形势下,车路城如何赋能汽车发展,需要明确定位和实现路径。车路城协同作为单车智能的进阶补充,应坚持"不控车""不替代单车智能""不超前建设"的原则,即不用车、路、城的外部方案去控车,不过度地用车、路、城的功能配置去替代单车智能,也不鼓励在车的需求还没有充分释放时超前进行智能化基础设施建设。这将有助于调动汽车企业参与的积极性,因为目前无论是车联网还是智能网联,最积极的参与者不是车企,而是网联服务提供者,各方关系仍有待进一步优化调整,以确保汽车的智能化发展、技术进展与智慧道路、智慧城市的发展紧密结合。

(5)加速探索可闭环的投资建设运营模式。

车路城协同中国方案涉及城市基础设施建设升级,以及多类新兴技术的应用与推广，需要政府和企业加强合作，鼓励跨领域、跨界协同，推动探索可闭环的发展模式。从长期发展来看，会有越来越多的市场主体参与中国方案，以各自分担为原则，探索以市场化投资为主导、政府参与为辅的建设模式。一些重要基础设施要纳入政府基建范畴。同时，培育一批新型市场主体，负责统筹中国方案的投资、建设和运营。例如，车、路、城当中的能源设施，现在已经完全具备了以市场为主的投、建、运模式，通信领域、感知领域目前看来也具备了这种准市场的模式，很多企业看到了机会，愿意成为车、路、城这种新的投、建、运综合发展的市场主体，这就解决了投资建设模式问题。

（6）加速推动标准化，实现跨区域共建互认。

要加快形成统一标准，不同城市、研究机构之间要加强交流沟通，协同开展标准化建设工作。及时推动已形成的标准化成果在城市间实施与推广，逐步实现更大区域范围内的互联互通。可遴选出1~3年内继续制订的标准条目，尤其在车路城协同定义、智能网联道路分级、智能化基础设施建设及车城网平台建设等领域，优先立项相关标准。坚持应用驱动、统筹引领、动态修订，依照车路城协同技术迭代及场景落地需求，遵循系统性原则依次制定相关标准。

第四节　车路城协同体系逐步完善

随着"智能网联示范区""车联网先导区""双智""车路云一体化"等国家试点任务的推进，目前我国已形成比较完善的车路城协同体系，包括技术体系和生态体系。

一、车路城协同技术体系

车路城协同技术体系涵盖支撑"车、路、云、网、图"建设的要素及其关键技术,包括基础设施体系、应用体系、平台体系(含数据)、政策标准体系四方面(图4-3)。

图4-3 车路城协同技术体系

资料来源:车百智库研究院整理。

(1)基础设施体系:包括在城市道路、高速公路上建设的激光雷达、毫米波雷达、摄像头等路侧感知设施,4G/5G基站、C-V2X路侧终端等通信设施,云、边、端平台或计算单元等算力设施,充换电站等能源设施,以及高精度地图、差分定位基站等地理空间信息设施。此外,城市交通、城市治理等应用离不开车路城协同设施与交通管理设施信息的融通,因此支撑二者融通的交通管理设施也在本次基础设施体系研究范围内。

(2)应用体系:车路城协同应用场景丰富,包括面向智能网联汽车、智能交通、智慧城市治理方面的多类应用。

面向智能网联汽车的应用是通过路侧智能化设备向网联汽车推送信号灯信息、交通状态、道路环境以及车辆感知盲区等信息,提升车辆的智能驾驶水平。

面向智能交通的应用以公交车、物流车、重点车辆以及私家车等行驶在路上的车辆为研究对象，通过协同的方式赋能"车—路、车—云、车—车"等信息交互，提升车辆的感知能力和交通出行安全水平，从而支撑实现"零事故、零拥堵、零排放"的智能交通愿景。

面向智慧城市治理的应用是基于车路城协同感知信息，综合城市其他市政感知信息，提升城市对违法违章事件以及道路危险事件的监测能力。

（3）平台体系：包括车路城协同基础类平台、车路城协同应用类平台等。车路城协同基础类平台主要是起到承接应用层和基础层的作用，平台层一方面通过提供数据管理、高精度地图、数字孪生等底层服务支撑上层应用开展，另一方面通过多源异构融合感知、网络传输优化、信息交互快速响应模型算法等标准化组件保证上层应用的效果。应用类平台包括城市开展的智慧公交、智慧物流、重点车辆监管等协同类应用平台。

（4）政策标准体系：是支撑车路城基础设施协同、应用协同、平台协同的相关政策和标准。政策包括国家级、城市级规划及法律法规等，标准包括国家标准、行业标准、团体标准等。

二、车路城协同生态体系

车路城协同逐步形成了政府、企业、行业机构等多方参与的产业生态。政府部门负责制订顶层规划，监督指导，整合资源，提供资金支持，并从政策激励、产业扶持、法律法规等方面加以引导，促进产业集聚；企业包括投资商、设备供应商、基础设施集成商、平台建设商、应用建设商以及运营商等产业链上下游企业，进行项目整体的实施和运营。

推动车路城协同发展的政府部门以工业和信息化部、住房和城乡建设部为主导,涉及交通运输部、公安部、自然资源部、中共中央网络安全和信息化委员会办公室、全国数据局、全国人大常委会法制工作委员会、国家市场监督管理总局以及科技部等部门(表4-1)。工业和信息化部负责汽车、信息通信等技术、产品的研发制造、标准等管理,作为主导单位推动车联网先导区、智能网联汽车测试示范区等试点的建设;住房和城乡建设部负责城市道路、建筑物等基础设施建设运维及管理,与工业和信息化部同为"双智"试点建设的主导单位。

车路城协同涉及的其他部门及其职责　　　表4-1

单位	职责
工业和信息化部	负责汽车、信息通信等技术、产品的研发制造、标准等管理
住房和城乡建设部	负责城市道路基础设施、建筑物等的规划建设及运营管理
交通运输部	负责高速公路及部分城市道路以及路侧设备的建设、运维与管理
公安部	负责车辆合规合法行驶涉及的执法管理
自然资源部	负责汽车与路侧设施对道路地理信息采集、加工和传输的管理
中共中央网络安全和信息化委员会办公室	负责汽车、路侧设施、城市平台等信息传输的安全性管理
国家数据局	负责汽车、道路和城市应用中所涉及的数据要素权属、数据流通、数据交易等事项的管理
全国人大常委会法制工作委员会	负责汽车及应用相关法律法规制定
国家质量监督检验检疫总局	负责汽车产品的质量检验、产品缺陷和召回等管理
科学技术部	负责通过设立科研项目攻关行业瓶颈问题

资料来源:车百智库研究院整理。

车路城协同建设和运营主体由车企、传统交通企业、互联网公司、通信运营商以及各城市平台公司组成。以上汽、福特为代表的传统车企，以蔚来、小鹏、理想为代表的造车新势力，通过自主研发或与科技企业合作的方式提升车型的网联化水平，并加快推出支持V2X的车型，提升产品竞争力；以万集、千方科技等为代表的传统智能交通企业，依托自身在交通领域的优势，积极推动基于V2X的RSU、OBU等车路城协同基础设施的建设和集成；以BAT（百度、阿里、腾讯）为代表的互联网科技企业，结合各自优势，通过自研、投资、并购等形式布局高精度地图、车路城协同平台、智能驾驶芯片、智能路侧设施等领域；联通、移动等通信运营商携手华为等科技公司攻关5G技术，打造车路城协同示范应用；各城市"双智"试点平台公司，例如湖南湘江智能科技创新中心、无锡市车城智联科技有限公司，统筹车联网先导区等车路城协同相关试点及项目的建设和运营。

第五节 车路城协同典型应用分析

从技术成熟度、覆盖受众群体、社会效益和辅助城市治理等维度来看，目前车路城领域已有多个典型应用出现，并具备了规模化落地推广的条件。

一、网联协同辅助驾驶应用分析

目前，自动驾驶/驾驶辅助技术应用有望提高城市交通效率，减少交通事故率，节能减排，提升出行体验。自动驾驶和驾驶辅助技术已经取得显著进展，但面临复杂城市环境的挑战，车对路的需求尚不清晰，且车自身的感知等技术能力仍需提高。需进一步推动以下方面建设：

（1）加快明确车对路需求及车路任务分配。站在车的角度，路侧基础设施信息精度、丰富度、采集频度无法满足自动驾驶车辆需求。站在路的角度，不同车企对路侧设施的需求不一，且存在很多个性化内容，满足多样化需求实属困难。自动驾驶过程中，车对路的需求到底有哪些，哪些功能需要通过车辆自身感知能力解决，哪些功能必须借助路侧能力予以补充，须尽快达成行业共识。

（2）推动智能驾驶车辆与道路协同关键技术升级。①提升传感器技术和感知能力，发展更先进、可靠的传感器技术，提高车辆对城市环境的感知精度，研发先进的计算机视觉和深度学习算法，以更好地识别城市道路上的各种情景；②通信技术升级，推动车辆对基础设施的高效通信，实现车路城协同，着力研发低时延、高可靠的车联网通信技术；③数据融合和车辆云端协同，加强车辆内外部数据的融合，实现车辆云端协同决策，推动云计算和大数据技术在车辆联网中的应用。

（3）加大跨区域车路城协同测试验证力度。验证路侧设施和车路城协同技术的安全性及稳定性，需要足够长的路、足够多的数据以及足够多的场景训练。随着城市基础设施全域开放，应加大在不同道路特征城市、城市不同区域间以及不同城市间的测试验证力度。

（4）推动相关领域协同机制建设。①跨产业协同机制，建立跨行业的合作机制，促使汽车制造商、通信公司、城市规划者等生态各方共同推动车路城协同的建设；②保险和法律责任，开发覆盖设计、制造、经营等智能网联汽车产品全链条风险的保险产品，制定自动驾驶领域的保险标准,明确事故责任和索赔流程,完善法律体系,为自动驾驶技术的应用提供法律保障;③加强与公共交通、共享出行等相关方的合作,实现多模态交通的协同,提高驾驶员和市民对自动驾驶技术的理解和接受度。

二、自主代客泊车应用分析

当前我国智慧泊车应用主要分为辅助泊车和自动泊车两种。以人为主要服务对象,通过获取停车场端的交通参与者、车位状态、高精度地图等信息,为用户提供车位预约、车位引导、反向寻车、无感支付等服务的辅助泊车应用已相对成熟,目前上海、北京等城市已建设了一批示范性的智慧停车场(库)。以智能汽车为主要服务对象,通过为无人驾驶车辆提供车位识别、路径规划、场端定位、障碍物检测等服务,从而让用户实现一键泊车和一键取车的自主代客泊车服务(AVP),已经在北京、上海、广州、深圳、成都等试点城市完成了多个技术验证及应用示范项目,当前行业对于自主代客泊车系统的功能、性能要求和测试方法等也积累了较多的技术可行经验,为下一步的商业化规模推广奠定良好基础。

自主代客泊车应用一方面为终端用户提供便利,使车主能够享受更高效便捷的出行体验,另一方面也提高了停车场的服务效率,为缓解城市"停车难"问题作出了积极贡献。但从下一步的规模化应用推广来看,当前智慧泊车应用还存在关键技术研发不足、建设标准不统一、车场协同难度大、法规配套不完善、商业化运营模式不能闭环等问题。需进一步推动以下内容建设:

(1)推动室内外定位技术攻关。发展场端室内定位技术,提高定位精度并提升服务可用性。由于自动驾驶车辆进入室内停车场后会引发卫星信号丢失，场端设备可以为车辆的自动泊车服务提供相应的位置及姿态信息。为满足自动驾驶车辆在停车场中的循迹及泊车精度要求，场端定位系统应进一步提升其定位服务精度并缩短时延。

（2）加强自主代客泊车安全设计及评价体系建设。研究车场协同技术路线下的功能安全、预期功能安全设计及评价体系。智慧停车场从过去服务于人（车主）到未来服务于智能车，在服务和交互对象发生转变的背后，需要同步升级的是场端系统从辅助驾驶应用到自动驾驶应用的服务设计及评价支撑体系。对自动驾驶车辆在停车场内可能发生的安全危害和对应的风险等级进行评估，并对如何通过适当的要求和流程来降低或避免风险加强研究，从而保障车场协同系统的安全运行。

（3）以标准为抓手加强跨车跨场互通。目前，就车端而言，通过国家标准立项等方式行业对辅助泊车、自动泊车系统的性能设计及测试方法，进行了充分的讨论并有了大体一致的认识；就场端而言，通过发布一些地方标准、团体标准，城市和行业对停车场的系统功能、设备性能等进行了规范。下一阶段需要加强对现有标准体系的宣贯推广，通过实际应用促进车端、场端多种自动泊车技术路线逐步收敛并达成共识；同时，重点加强对车场间交互流程、通信接口的标准化研究，推动自动泊车功能真正实现跨车型和跨场库的互联互通。

（4）尽快将L4级自动驾驶车辆的量产准入试点扩展延伸到停车场的应用场景。AVP作为一项限定在低速无人场景下的高阶自动驾驶应用，从安全管理的角度看，其面临的风险相对较低和可控，技术可行性也在过去几年的试点建设得到了充分验证，下一阶段的重点将是如何完成商业化闭环并进入规模化推广阶段。在政策法规方面，应尽快将L4级量产车辆的准入和上路通行试点扩展到停车场景，并将终端消费者纳入AVP应用商业化试运行的闭环中来，完成其商业模式可行性的有效验证，帮助整车厂和停车场从商业上完成对AVP量产或规模化建设的可行性判断。

（5）采用"广覆盖、分等级、可扩展"的方式逐步推进智慧泊车停车场的商业化应用。公共停车场是城市交通基础设施中的重要稀缺资源，应该以实用为导向，立足服务车主，惠及民生，在此基础上积极响应国家"车路城一体化发展"政策，顺应科技发展趋势，为未来自动驾驶车辆出行的管理和服务积累经验。考虑到当前辅助泊车应用和自动泊车应用成熟度不同，分处于不同的发展阶段，建议将我国智慧停车场的建设同时结合两种泊车服务应用，以"广覆盖、分等级、可扩展"的方式进行逐步推广。具体来说，就是在早期尽量将智慧停车场的建设覆盖到更多的城市、更多的停车场，而各个停车场可根据实际应用需求配备数量较多的辅助泊车停车位和少量的自动泊车停车位，后期再根据实际的运营状况和量产车搭载数量实现车位数的按需扩展。这样既能在早期为自动驾驶车辆解决其泊车功能应用场景的覆盖度问题，也能兼顾基础设施智慧化建设的实用性与引领性，在避免投入浪费和运营成本过高的同时，为未来的交通出行管理积累经验。

三、无人驾驶出租汽车应用分析

无人驾驶出租汽车（Robotaxi）正在技术、成本、规模和产业生态的进一步驱动下，逐步由技术探索转向商业化落地。目前，重庆、武汉、北京、深圳等地已发布自动驾驶全无人商业化试点政策，百度Apollo、小马智行、AutoX安途等已获得无人化示范运营资格，开展商业化服务。在未来，无人驾驶出租汽车将会成为人们的出行方式之一，为城市交通的发展和改善带来更多的机遇和价值；同时还将影响到交通规划、城市规划、经济结构等方面，如医疗救护、物流配送等领域。

总的来说，无人驾驶出租汽车的未来市场巨大，但在政策监管、测试管理、基础设施配套、商业化探索、安全合规等方面仍存在发展瓶颈。要实现其大规模应用和推广，需要企业、政府、社会各界共同努力，进一步推动以下内容建设：

（1）突破Robotaxi关键技术攻关和产品研发。无人驾驶出租汽车产业链长，同时涉及多产业交叉融合，对产业核心技术供给能力提出极高要求。需跨行业共同解决超低速状态下车辆运行、感知融合算法、复杂数据集模型计算、高等级自动驾驶高精度地图采集等关键共性技术问题；推进关键技术及软件、工具链的国产化替代，确保无人驾驶出租汽车产品安全。

（2）加强产品、运营准入标准与测试评价方法研究。出台无人驾驶出租汽车产品准入细则，建立智能网联产品专项检查目录；加速无人驾驶出租汽车产品、性能、安全等检验检测国家标准的出台；完善无人驾驶出租汽车增量部件、功能与服务的技术要求、安全要求、测试试验方法。推动无人驾驶出租汽车多级公告目录的建立，积极推动无人驾驶出租汽车产品进入工业和信息化部汽车产品目录；积极推动地方准入标准的建立，符合地方准入标准的车辆可在本地销售、运营，进入本地汽车产品目录；此外，针对不能注册正式号牌，无法获得"合法身份"的车辆，研究出台临时号牌相关管理办法。

（3）结合各地车队数量和未来规划提前配套资源。提供数量充足、布局合理的停车场和充电桩资源，允许Robotaxi采用人工驾驶模式在非公开道路行驶以进行转场或充电。建立交通标识问题反馈和调整机制，解决各城市间、地面与空中、标识与实际状况的差异。增加Robotaxi上下车停靠点，探索将利用率较低的公交站点作为停靠区域。完善测试示范路网管理体系，建立路网黑名单或企业报备制度，统筹车路城协同相关示范区域内路网开放工作，打通低等级道路，实现联网成片。

（4）完善测试管理规范，推动异地测试结果互认和流程简化。完善顶层设计，建立全国统一的测试标准和规范，为测试结果互认提供依据。鼓励测试场探索新型商业模式，通过增加商用车型测试、承接政府项目等方式提升测试场利用率，减少互认阻力。探索建立车型、企业信任机制，减少同一车型的重复测试工作。逐步建立国家级测试场互认机制、城市群互认机制和全国统一互认机制。

四、城市物流配送应用分析

车路城协同环境下的城市物流配送，可细分为末端配送、区域间物流运输等场景，其无人化技术已相对成熟，具有运行速度低、配送效率高、可优化物流运力资源配置、提升城市交通效率等特点。其中末端配送场景已在全国多个智能网联示范区开展测试与应用。其应用地点分为两类：一类为封闭园区，其交通运行规则安全可控，交通状况相对简单；另一类为智能网联/自动驾驶示范区，基本按照非机动车辆进行管理，除个别示范测试路段外，覆盖范围仍有较大提升空间。区域间物流场景方面，受限于政策与法规限制，当前仍以现场或远程安全员驾驶为主，尚未形成可商业闭环的示范运营模式。

各类物流应用场景虽已取得较大成果，但其复制推广仍存在一些问题。其原因在于无安全员商业化运行的试点区域有限，无法实现真正的商业闭环以创造更大价值，导致企业在初期投入后不再扩大测试或示范规模。鉴于以上问题，应进一步推动以下内容建设：

（1）无人驾驶传感器规模化降本。根据物流配送场景需求，无人配送车的传感器配置主要为激光雷达和摄像头，与乘用车激光雷达相比，其低线束雷达具有制造工艺要求低的特点，可扩大量产规模，推动其降低成本。

（2）无人配送车线控底盘技术升级。无人配送车线控底盘采用整车电子电气架构，主要有五大系统，分别为线控转向、线控制动、线控换挡、线控加速、线控悬架。应该推动提升线控底盘系统的响应速度，提高控制执行精度，研发先进且低成本的底盘执行机构。

（3）基于路试数据的算法提升和云端数据运营服务提升。要满足车载计算平台感知环节的识别融合任务以及提高整个决策环节的决策水平，需要提升芯片算力，完善深度学习算法，增强处理海量数据和进行复杂的逻辑运算的能力。

（4）以智能网联汽车准入为契机，突破无人化物流商业运行政策阻碍。完善道路规划和交通管理法规，制定无人配送车行驶运营相关的管理体系，完善物流配送车行驶过程中应遵守的交通规则及责任主体，形成可有效执行的备案机制，推动国家放宽路权许可，完善监管体系。完善车型分类及测试标准，根据最大设计总质量、载客/货数和最大设计速度界定无人配送车的定义和分类；制定无人配送车的信息安全技术要求和在不同道路、场地、仿真场景及工况标准下的功能要求。

五、城市交通管控应用分析

城市交通管控应用主要依托于交通要素感知及信控优化能力，实现道路交通参与者状态、行为等信息的获取，提升交通精细化管理和城市精准化治理水平，准确把握城市交通运行态势，提高道路通行效率、减少道路拥堵、快速发现处置交通事故，从而提供更好的出行服务，保障出行交通安全。同时，也有利于构建智能交通体系，为交通信控优化、交通运行监控提供数据支撑，赋能智慧出行、智慧交通与智慧管理等。

在政策推动下，各个城市积极开展智能网联示范建设，所面临的问题逐渐凸显。一是智能网联体系与传统智慧交通管理系统融合难度大；二是智能网联数据赋能智慧交通管理场景相对单一，除信号优化等少数场景，其他交通管理场景赋能仍处于探索阶段；三是缺乏智能网联与智慧交通管理数据安全交互标准和管理办法，实施过程中缺乏技术和安全管控依据，赋能应用阻力大。需进一步推动以下内容建设：

（1）加强路侧感知设备融合技术研究。研究时空一体化低时延融合感知，充分发挥不同传感器的优势，实现对交通参与者的全要素感知。研究不同交通环境下多技术路线的感知设备部署方法，实现感知设备全域覆盖。加强路侧感知设备研发，提升设备设计制作工艺，提高设备感知精度及使用寿命。

（2）推动智能网联体系与传统交通管理体系融合。从城市交通管理需求出发，协同交通管理部门统筹规划建设基础设施、平台、应用等方面，由试点示范转向切实解决问题，推进应用场景商业化落地。打通信号灯、路口位置、车道属性及连接关系、交通违法、重点车辆管理等方面的数据，以数据为抓手，促进智能网联技术对交通管理的赋能,并推动跨部门的协同联动。

（3）优先推动信号灯信息服务等成熟应用的规模化推广。信号灯信息服务在目前智慧交通管理中应用较为广泛,已在淄博、无锡、长沙等多个城市实现规模化应用。信号灯改造相对简单,投资主体明确,而且改造后可提高车辆通行效率,缓解城市交通拥堵,社会效益明显,因此是各城市优先推进落地的应用场景。但信号灯信息服务规模化推广不仅需要成熟的技术,还需在机制和政策方面进行突破。

六、智慧公交应用分析

当前,国内一些城市在政策大力支持下,相继探索智能网联公交运营服务的新模式,实现了公交企业效益、乘客出行体验、社会效益的同步提升。主要表现在：①提升公交综合运营调度能力,通过建立智能网联公交运营数据平台,汇聚公交实时运营、线网、客流等多元数据,实现公交运力精准调度等；②提升公交出行体验,包括推广基于车路协同的路口公交优先通行,推进智能网联公交站台建设,积极探索定制无人小型公交车等新服务模式；③提升公交的社会效益,跨界承载新战略、新技术、新概念,包括推广智能网联公交车尾屏信号灯信息共享,在智能网联公交上开展"数字人民币"国家应用试点,推动智能网联公交和交通碳减排计量融合应用等。

目前各个城市主要基于安全、监控、网联的需求,对公交进行智能化改造,以推广主动安全功能和网联技术应用为主。但L3级及以上智能网联汽车的示范线路较短,大规模商用仍待推进。目前L3级及以上智能网联公交主要应用在北京、苏州、无锡、武汉、重庆、成都、淄博、珠海、长沙、厦门、上海等城市，大多是作为试点示范项目，仅有苏州等部分城市开始尝试商业运营。但因涉及道路的智能化改造、公交站台的升级，改造和建设需要大量资金，因此整体智慧公交示范线路普遍较短。此外，智慧公交规模化推广也受限于基础设施覆盖率低的问题，智慧公交中信号灯信息推送、路侧碰撞预警、盲点检测等功能依赖于道路智能基础设施的支持，各城市基础设施建设以区域性示范为主，无法给予智慧公交全面的道路信息服务；且交叉口信号灯信息难以获取，信号灯信息属于公安专网内部数据，未经允许或未充分保证安全条件下难以获取真实信息并通过RSU传递给车辆。为解决以上问题，需进一步推动以下内容建设：

（1）推动车辆混行关键技术攻关。研究提高车辆对外部环境的感知精度和速度；研究复杂环境下的决策控制逻辑，提高控制系统的稳定性和可靠性，以满足不同应用场景需求；加强公交行业通用的车联网通信协议研究和制定，重点考虑智能网联公交车和非网联社会车辆安全混行应用场景下的信息传递。

（2）完善智能网联公交法规标准体系。需要尽快统一智能网联公交系统的基础技术标准，提升智能网联公交系统整体的技术安全性、稳定性，以及各类接口的兼容性，包括但不限于车载智能网联系统，路侧智能网联场站以及平台建设等。建议出台智能网联公交的运营监管法规，为实现小范围测试示范转向大规模运营提供支撑，规避运营安全风险。交通管理法规需要明确智能网联公交在交通信号控制场景的合法性，以及交通控制中可控制的相位范围、可接受的技术实现方式等。

第五章
CHAPTER 05

"车路云一体化"的深入推进

第一节 "车路云一体化"试点背景及内容

2024年1月，工业和信息化部、公安部、自然资源部、住房和城乡建设部、交通运输部联合发布《关于开展智能网联汽车"车路云一体化"应用试点工作的通知》（以下简称《通知》），并于7月正式公布"车路云一体化"首批试点城市名单（表5-1），北京市、上海市、重庆市、鄂尔多斯市、沈阳市、长春市、南京市、苏州市、无锡市、杭州—桐乡—德清联合体、合肥市、福州市、济南市、武汉市、十堰市、长沙市、广州市、深圳市、海口—三亚—琼海联合体、成都市入选，标志着"车路云一体化"进入规模化落地发展的新阶段。

智能网联汽车"车路云一体化"应用试点城市名单　　　表5-1

序号	城市	
1		北京市
2		上海市
3		重庆市
4	内蒙古自治区	鄂尔多斯市
5	辽宁省	沈阳市
6	吉林省	长春市
7		南京市
8	江苏省	苏州市
9		无锡市
10	浙江省	杭州—桐乡—德清联合体
11	安徽省	合肥市
12	福建省	福州市
13	山东省	济南市

续上表

序号		城市
14	湖北省	武汉市
15		十堰市
16	湖南省	长沙市
17	广东省	广州市
18		深圳市
19	海南省	海口—三亚—琼海联合体
20	四川省	成都市

资料来源：工业和信息化部。

"车路云一体化"应用试点以"政府引导、市场驱动、统筹谋划、循序建设"为基本原则，聚焦智能网联汽车"车路云一体化"协同发展，推动建成一批架构相同、标准统一、业务互通、安全可靠的城市级应用试点项目，具体包括9方面内容。

（1）建设智能化路侧基础设施。实现试点城市通信基础设施全覆盖；实现交通信号机和交通标志标识等联网率90%以上；重点路口和路段同步部署路侧感知设备和边缘计算系统（MEC）。

（2）提升车载终端装配率。分类施策逐步提升车端联网率，试点运行车辆100%安装C-V2X车载终端；鼓励公共领域存量车进行C-V2X车载终端搭载改造，新车车载终端搭载率达到50%；鼓励试点城市内新销售具备L2级及以上驾驶自动化功能的量产车辆搭载C-V2X车载终端。

（3）建立城市级服务管理平台。建设云控基础平台，并能够与车端设备、路侧设备、边缘计算系统和其他交通、城市管理平台等实现安全接入和数据联通；建设或复用城市智能网联汽车安全监测平台。

（4）开展规模化示范应用。鼓励在限定区域内开展智慧公交、智慧乘用车、自动泊车、城市物流、自动配送等多场景应用试点。

（5）探索高精度地图安全应用。鼓励开展北斗高精度位置导航应用；开展高精度地图应用、众源采集及更新、高精度位置导航应用等先行先试和应用试点；构建地理信息安全防控技术体系。

（6）完善标准及测试评价体系。推动跨行业跨区域联合标准研究；构建"车路云一体化"场景数据库，提升智能网联汽车的模拟仿真、封闭场地、实际道路等测试验证能力，推动形成相应的测试评价体系。

（7）建设跨域身份互认体系。健全C-V2X直连通信身份认证基础设施，建立路侧设备和车辆接入网络的认证机制；支持跨车型、跨城市互联互认互通。

（8）提升道路交通安全保障能力。确保自动驾驶系统激活状态下，遵守道路交通相关法律法规；健全运行安全保障人员培训、考核及管理制度；建立交通违法、交通事故、安全员异常干预等安全事件研判机制。

（9）探索新模式新业态。明确"车路云一体化"应用试点的商业化运营主体，支持新型商业模式探索；鼓励数据要素流通与数据应用。

试点城市围绕《通知》提出的9项重点任务和具体指标，制订了详尽的实施方案和推进计划，旨在打通行业发展的三大"堵点"，推动城市级"连片"建设，打破"碎片化、烟囱式"的"单点"部署，推动实现更大规模、更广范围的应用实践。

首先是加快建设智能化路侧基础设施，多个城市提出"全域覆盖"。例如，海南省将建设成为国内首个全省范围、全域开放的智能网联汽车应用示范省，推进海口市、三亚市、琼海市和环岛旅游公路、环岛东线高速公路（G98）"三市两线"建设，打造全省标准统一、有机协同的智能化基础设施；武汉"车路云一体化"将覆盖全市13个行政区和武汉经开区、东湖高新区、东湖风景区等功能区域，推动5G通信网络实现全市覆盖，对全市路口进行智能化改造；济南将按照全市统一规划、起步区先行示范、各区县联动方式，推进全域开展智能网联建设与规模化应用，推动智能化路侧设施实现广泛覆盖，并与交通管理业务深度融合，实现全市全域交通标识标志网联化；十堰在现状交叉路口信号机联网率100%基础上，进一步提出了"信号机和标志标识联网率100%、数据100%向云控基础平台推送、路口100%实现C-V2X点对点通信"三个100%目标。

其次是促进车载终端搭载率提升，多个城市携手当地车企提出了量化目标。其中，上海、武汉、无锡、济南等地明确提出，试点运行车辆将100%安装C-V2X车载终端和车辆数字身份证书；杭州、苏州、长沙还提出对存量车进行C-V2X车载终端搭载改造，公交、环卫等公共领域车辆是重点突破对象。此外，武汉将实现试点期间在该市生产L2级别及以上的自主品牌车型C-V2X车载终端搭载率达到30%及以上，推动公共领域新车C-V2X车载终端搭载率达50%及以上；沈阳将与华晨宝马协调从2024年开始逐步在全系车型部署搭载13万套前装C-V2X设备，开展公交车、出租汽车、公务车等公共领域存量车加装OBU设备，并进行低速无人车、智慧乘用车、自动驾驶公交车等多类应用场景部署。

最后是开展规模化示范应用，探索新模式新业态。开展规模化示范应用是"车路云一体化"试点的重要任务，也是打通"堵点"、促进商业模式创新的关键，关系到"车路云一体化"能否可持续发展。海南省将推动以海口市、三亚市、琼海市以环岛旅游公路为载体，选择"自动驾驶+旅游"等多种典型场景进行规模化示范应用；杭州将落地"一廊十区万辆"示范应用工程，打造全国无人物流第一城，培育发展结合无人驾驶的物流新模式；济南将开展"三全"特色应用，实现公共领域停车场智慧化网联化全覆盖，自动驾驶清扫车辆全市覆盖，乡村智能客运班线全覆盖，推动市级停车平台与公安交管平台、市级智能网联平台融合，并打造提供"建管运服研"一体化服务的新质运营商；长沙将打造车路云一体化的"城市物流+自动配送"全时段、全过程、全场景无人化运输应用，实现城域级物流无人化、商业化模式的成功应用。

此外，建立城市级服务管理平台、探索高精度地图安全应用、完善标准及测试评价体系、建设跨域身份互认体系、提升道路交通安全保障能力也是"车路云一体化"试点的重要内容，入选城市均围绕相关要求明确了建设目标和推进计划。

第二节 城市"车路云一体化"建设步伐快慢不一

多地加速推进"车路云一体化"建设。近期，北京、武汉、长春、福州、鄂尔多斯等城市的"车路云一体化"应用示范项目接连获批，部分城市投资额超过百亿元。同时，多个城市在加快推进智能网联汽车地方立法，以有力保障"车路云一体化"试点工作的开展。继深圳、上海、苏州、无锡、杭州等地之后，合肥、武汉、广州、北京的法规草案已进入审议阶段，长沙、海南也已启动地方立法工作。此外，南京、沈阳、海南还发布了行动计划/发展规划等相关政策，对路侧部署、数据交互、网络规划等作出明确规定与指导。

"车路云一体化"试点整体仍处于起步阶段，不同城市进展存在明显差异。目前，"车路云一体化"试点工作整体进展偏慢，仅少数前期基础较好的城市推进较快，在基础设施建设、应用场景搭建、商业模式探索等方面取得了一定成效。其中，北京启动高级别自动驾驶示范区4.0扩区建设，政府与企业投资规模近100亿元，将打造四环至六环约2324km^{2}的自动驾驶"北京环"，形成全国首创的"规、建、管、养、用"一体化数字基础设施建设运营新模式；武汉实现了全市13个行政区、3个功能区的全域开放，累计开放测试道路里程突破3379km，已开展8大类19个场景的应用示范，投放自动驾驶运营车辆约600辆，累计完成自动驾驶出行服务订单176万单、服务222万人次；上海自动驾驶开放测试总面积达912km^2，形成了嘉定乘用车、临港商用车、浦东金桥车联网、奉贤停车库四个示范区错位发展的布局，且临港新片区已实现24项V2X应用场景，发布了全球首个RISC-V车路云协同1.0验证示范系统。截至2024年7月底，飞凡品牌全系25000台量产车通过OTA升级实现了V2X信息预警功能装车应用。

第三节 "车路云一体化"落地面临的问题

缺乏明确的顶层规划，尚未建立完善的法规体系。目前国家层面尚未发布统一的"车路云一体化"发展规划和系统架构，可能导致各地在推进建设时存在理解差异和执行偏差，影响"车路云一体化"的整体进度和落地效果。

"车路云一体化"涉及智能网联汽车事故责任认定、数据安全、路权开放等诸多方面，需要作出相应的法规调整和支持，而目前我国智能网联汽车相关法规体系尚未完善，主要依靠地方立法进行探索，面临着政策覆盖范围有限、统一性欠缺、协调性不足等问题，增加了智能网联汽车跨地域研发测试的合规成本和风险。

缺乏统一的标准体系，跨区域互联互通难以实现。试点城市多采取市级统筹、区级实施的方式，推进"车路云一体化"工作，在跨区建设、测试、运营时存在协同机制不完善、责任权属不清晰、标准不统一等问题，导致基础设施衔接不顺畅、多头建设、结果不互认、信息数据碎片化等问题凸显，难以实现区域内的互联互通。同时，部分地方标准还增加了隐形壁垒，导致不同设施、设备间无法兼容，影响了整体项目的推进效率和效果。

投建运模式不清晰，缺乏可持续的"造血"能力。目前"车路云一体化"商业模式仍在探索阶段，尚未形成成熟的投融资模式，且投资、建设、运营主体较为分散，重建轻养问题较为突出。部分城市采取了政府+国企平台+企业的合作模式推行试点建设，但由于基础设施建设前期投入大、投资回报不成比例、建设周期长、盈利困难，社会资本投入的积极性不高，后续推进较为困难。此外，"车路云一体化"相关应用场景尚未带来明显的商业化效益，仍缺乏可持续的"造血"能力，难以构建起有效的商业闭环。

车企参与度不高，用户体验感不强。现阶段"车路云一体化"的技术及商业模式均处于探索阶段，车企对技术路线可行性及成本效益的不确定性尚存疑虑，出于对成本、市场接受度等方面的考量，在参与时多持谨慎态度。由于基础设施建设尚未形成连续的广域或全域智能网联环境，运营维护体系尚不健全，且不同车辆、设备、系统之间的兼容性不足，无法为车企提供持续、一致、可靠的服务，导致车企参与热情不高，用户体验碎片化。

数据融通较为困难，数据价值有待挖掘。城市云控平台汇集了海量动、静态信息数据，可以数字化手段加强对基础设施、城市交通、公共服务等内容的监管，丰富了城市管理的手段。但行业在车端、路侧、云端的数据互通、格式统一及系统应用服务等方面，仍缺乏统一的标准规范，数据接口难打通、融通较为困难，"数据孤岛""数据烟囱"等现象普遍存在。

"车路云一体化"涉及汽车、交通、通信、电子等多领域，跨部门协调的壁垒导致数据共享较为困难，数据在整合分析时面临诸多障碍，导致大量数据价值被低估、难以挖掘复用，庞大的数据资产应用潜力未能得到有效释放。

第四节　如何跑通"车路云一体化"之路

基于对全国"车路云一体化"应用试点推动工作情况的实地调研和主题座谈，本书就如何跑通"车路云一体化"之路提出十点思考及建议。

一、推进"车路云一体化"需要坚定的战略共识和持续的学习能力

目前，城市在推进"车路云一体化"应用试点的工作中存在较多顾虑。首先，技术路线的选择面临分歧，即如何平衡单车智能技术与车路协同方案之间的关系，二者尚未达成统一共识。

以特斯拉为代表的单车智能驾驶路线，主要依赖于车辆自身的传感器、算法和算力，通过不断优化车辆自身的感知、决策和执行能力，实现智能驾驶或全自动驾驶。在端到端智能驾驶技术趋势

下,车端对路端的需求进一步减少,路侧基础设施在智能驾驶领域的作用被进一步弱化。其优点是,单车智能化集成度高,对配套设施的依赖度低。不足是,受限于单车智能路线车辆传感器的物理限制,在单车视角、感知距离方面存在较大局限。

以"车路云一体化"为技术路线的中国方案,更多将感知和算力系统放置在路端,强调通过车辆与外部环境的实时信息交互,实现交通流管理优化。"车路云一体化"方案在提供超视距、遮挡信息、优化整体交通效率方面具有不可替代的作用,但其需要强大的基础建设投资和集中式统一管理。

其次,尽管城市参与"车路云一体化"的程度日益加深,但汽车企业由于基础设施建设成本高、商业化前景不明朗、跨行业的系统兼容、技术标准尚未统一等原因,参与度相对较低,导致"车路云一体化"在产业功能上出现短板。

此外,如何形成商业闭环以及如何构建良性的投融资模式,也是当前面临的难题。

"车路云一体化"涉及汽车、交通、电子、通信等产业,是一项复杂的系统工程。相较于单项任务,系统性工程的实施难度显著增加。调研显示,城市在试点推进过程中遇到很大阻力,存在跨行业、跨领域协调和组织难点,必须解决对"车路云一体化"认识上的差异,以及推进这一新质生产力所必须构建的体制机制问题。

党的二十届三中全会提出,健全因地制宜发展新质生产力体制机制,加强新领域新赛道制度供给,建立未来产业投入增长机制。即在"车路云一体化"产业发展初期要敢于创新、敢于投入,若缺乏类似的体制机制保障,战略规划可能难以实现。

同时,"车路云一体化"的发展是一个不断迭代的过程,参与其中的企业研发人员,甚至主管部门领导,都必须具备持续的学习能力,若缺乏专业知识支撑,推动这样一个系统性工程,结果势必会将之束之高阁。

二、"车路云一体化"如何定位

过去,"车路云一体化"被视为汽车智能化发展路径的一部分,纳入了汽车产业范畴,这一定位使得"车路云一体化"在探索投资模式和商业模式时存在种种制约。为突破这些限制,应拓宽对"车路云一体化"的理解,将其视为一种底层的"新型基础设施体系"。该基础设施体系具备与不同领域结合的潜力,能够为不同领域提供底层支持(图5-1)。例如,与汽车领域结合,将形成汽车领域的技术路线;与交通领域结合,将形成具有中国特色的智慧交通方案;与城市管理结合,将推动城市管理的智慧化和数字化变革。

图5-1 车路云基础设施体系

资料来源:车百智库研究院整理。

因此,"车路云一体化"不应局限于汽车领域,而应拓展应用范围,与不同领域建立联系,支持各领域形成以"车路云一体化"技术为支撑的解决方案。这种广泛的应用将使"车路云一体化"技术变得更加基础和普遍。

明确了"车路云一体化"的属性与定位,有助于避免将其过早视为汽车产业的专属基础设施,增加不必要的投资负担,同时也为汽车智能化的发展路径提供更大的灵活性和自由度。"车路云一体化"将更有效地服务于社会和经济多个方面,发挥其在智能交通和智慧城市建设中的潜力。

三、"车路云一体化"如何建设

过去的试点建设以小区域为主,新一轮的试点建设不应再局限于小规模试点,而应追求城市全域覆盖。可以通过分级、分类、分阶段建设的方式来实现,但最终目标是实现城市全域覆盖,甚至达到跨域的互联互通。这就对城市的"车路云一体化"建设提出了更高要求。

建议城市在落地建设时根据自身特点和需求,对路口路段进行分类。在重点路口、重点路段可进行高配置建设,以实现高度智能化的管理,其余大部分场景进行低配置建设,以满足最基本的要求。这种分类建设的方法有助于控制整体投资成本,避免不必要的高额投入。如果不进行合理分类,或将导致大量基础设施的配置成本过高而实际使用率过低,为未来发展埋下隐患。采取分级分类的基本思路推进"车路云一体化"设施建设,不仅可以确保资源的有效利用,还能为城市的可持续发展打下坚实基础。

四、如何跑通投融资机制

在此前的试点城市建设中，传统的资金来源主要依靠政府，通过政府财政或者平台公司投资承担"车路云一体化""双智"、车联网先导区等的建设任务。如果城市进行大规模建设，此类依靠政府全额出资的投资模式将不可持续，需要拓展投融资渠道，其基本前提是对建设内容进行再分类，使得相应投资模式的设计也变得简单、科学。

第一类，基础建设项目应由政府来投资。即便不开展"车路云一体化"项目建设，政府也同样需要对传统基础设施进行智能化改造升级。因此，围绕基础设施的基本建设和智能化增量部分应继续由政府主导投资，不能因"车路云一体化"项目的实施而推卸政府在基础设施投资上的责任。

第二类，基础网络建设应由运营商来投资。运营商应承担起基础网络的增量拓展，不应将基础网络的有关内容归到"车路云一体化"建设项目中。

第三类，路侧算力及智能化设备领域可以进行社会化融资建设，这一领域具有较大的商业潜力和灵活性。在模式设计上，可借鉴以往高速公路"借钱修路，收费还贷"模式的成功经验，即"车路云一体化"的建设采取"主体借债、运营偿债"的模式进行。当前的借债环境更为有利，包括更易获得贷款和更长的借债周期。

综上所述，基于对项目进行合理分类的原则，借鉴高速公路的投资模式，可以跑通"车路云一体化"的投融资机制。

五、如何深入开展"车路云一体化"规模化应用

城市建设高配置基础设施以往专门服务于极少量的高等级无人

驾驶汽车，这是一个误区。无人驾驶车辆数量有限，导致路侧设备利用率较低。因此，在"车路云一体化"应用试点实践中，应当转变思路，在应用上重点为有人驾驶汽车提供服务，特别是海量的存量汽车，在技术上则重点支持智能网联汽车的中国路径和中国方案。

"车路云一体化"的商业模式应当从有人驾驶汽车中探索，包括对过去海量保有汽车进行应用开发，同时在技术上支持无人驾驶汽车的发展。目前，"车路云一体化"从提升市民出行体验、改善驾驶员驾驶服务等方面，已为用户带来众多深受欢迎的驾驶和出行体验，尤其是在车辆行驶安全保障、出行效率提升、车辆能耗降低、乘坐舒适性提高等方面，得到了出行者和驾驶员的普遍认可。

"车路云一体化"的服务带来了积极的用户体验，可以预测，只要有用户使用这些服务，就一定会有相应的付费意愿。这种服务模式，不仅能提升"车路云一体化"的应用价值，还将为技术的持续发展和创新提供商业支持和动力。

六、"车路云一体化"赋能交通管理是智慧交管的中国方案

"车路云一体化"必须为交通管理赋能。尽管"车路云一体化"技术最初是为了形成汽车发展的中国方案，但在"车路云一体化"发展过程中，很可能首先形成智慧交管的中国方案，这将有力地鼓舞产业对"车路云一体化"系统建设的信心和决心。

建议城市积极探索如何实现"车路云一体化"与交通管理的有效结合。针对交通管理中的巨大痛点，交通拥堵、交通安全、停车服务等，如能利用"车路云一体化"技术的创新应用提供解决方

案，加强现有管理措施，或将解决过去一直悬而未决的问题。这不仅是"车路云一体化"应用试点的重要使命，也是加速"车路云一体化"被社会各界认同的关键。

七、"车路云一体化"改进城市治理的多元应用场景

"车路云一体化"不仅在汽车及交通领域展现出巨大潜力，在城市治理中也有众多可以链接和赋能的空间，如住建、市政、消防、应急等部门，均可通过"车路云一体化"建设获益。如果一个城市能够部署一个具备丰富感知能力又能够实时传输的智能系统，甚至建立专网以保障通信的可靠性和感知的及时性，那么这套系统完全有能力融入城市管理现有系统中，为城市治理赋能。

目前，北京、深圳等城市正在积极探索"车路云一体化"在城市治理中的应用，希望能在该领域进行更深入、更广泛的研究与实践，以拓展"车路云一体化"在未来应用的潜力和空间，进一步提升城市管理的智能化水平，增强对各种城市运行情况的响应能力，从而为市民创造更加安全、高效的城市环境。

八、数据是"车路云一体化"持续商业化运营的关键

"车路云一体化"中"云"的核心不仅涵盖数据传输的基本功能，还涉及了数据处理与分析的深层次问题。数据的收集、处理和应用是"车路云一体化"持续商业化运营的基础。无论是为政府、车企、用户提供服务，还是为交通管理和城市治理赋能，运营的关键都是数据。也因此，如何通过"车路云一体化"建设，进一步汇聚以往难以获取的数据资源，推动数据变成资产，让数据得到分级

分类的挖掘和运营,是"车路云一体化"实现商业回报的关键。

九、准确定位"车路云一体化"平台

管理"车路云一体化"系统,既需要一个主体,更需要一个平台。数据是"车路云一体化"运营的基础,平台是"车路云一体化"运营的手段。没有平台,"车路云一体化"就无法发展。

在构建"车路云一体化"平台的过程中,面临一些亟待解决的矛盾和挑战。一是部分城市已经建立的"车路云一体化"平台,在获取其他部门的数据时面临数据迁移的障碍;二是"车路云一体化"平台的出现或将引发对现有平台,如对交通管理平台或城市管理平台的替代,可能会导致平台之间的功能重叠和管理抵触。

解决数据问题的途径不在于对数据进行物理迁移,而是要实现数据的链接和可用性。"车路云一体化"平台应建立在能够与其他平台数据进行有效链接和交换的基础上,即遵循"求所用、不求所有"的原则,不追求对数据的完全拥有,而是通过链接来实现数据的共享和利用。

"车路云一体化"平台应定位为基础平台,其核心功能是为其他平台提供支持和链接,而非替代。例如,如果"车路云一体化"平台具备为交通管理系统赋能的功能,那么这一功能应与交通管理平台相连,使交通管理系统获得支持。同样,如果"车路云一体化"平台具备了对汽车的监管能力,那么这种能力应与城市汽车管理平台相链接,从而实现行业部门对汽车管理的赋能。

通过这种方式,"车路云一体化"平台可以减少与其他平台的冲突,避免对数据或载体的控制,专注于提供基础支持和链接服务。这种定位有助于实现不同平台间的协同工作,推动"车路云一体化"健康发展，并为城市管理和交通管理系统带来更大的价值。

十、配套政策标准是"车路云一体化"落地及广域规模化应用的重要保障

为实现"车路云一体化"规模化发展，配套政策标准的制定至关重要。不仅需要国家部委层面的政策指导，还需要结合"车路云一体化"技术在众多场景下的应用，如公交场景、市政场景、高等级自动驾驶车辆上路场景等，更需要由地方城市来推进相关政策、标准、法规的创新与实施。

一个城市能否成功跑通"车路云一体化"这条路，不仅取决于技术层面的进步，更在于生产关系的优化和制度建设的创新。制度创新和政策支持将为"车路云一体化"规模化落地发展提供坚实的基础，促进新质产业领域的稳定发展，从而实现可持续发展和效益最大化。

第四篇 产业生态

PART 04

第六章
CHAPTER 06

加快构建智能网联产业新生态

第一节　汽车智能化向上"内卷"

近年来汽车行业"内卷"严重，从电动化"卷"向了智能化，但和电动化不同的是，智能化集成了技术和商业模式的丰富创新，是汽车产业"内卷""向上"的一种状态。

中国汽车进入智能化后，正在经历一个新的发展阶段，具体有三个特点：

（1）由过去的单一产品、单一技术的突破向更加系统、更加集成的智能化产品方向转变，这就不但需要企业克服单个技术难点，还期待企业提供更加完善、更加集成的智能化解决方案。

（2）企业要了解整个产业的技术创新，要不断调整适应产业新的需求，从而提供有性价比、有竞争力的智能化产品，满足全产业链向上"内卷"的发展需要。

（3）现在智能化发展已经跳出了汽车领域，需要智能的车、智能的路，还需要云的支撑，这是一个更大体系、更大范围的智能化应用场景。

面对新的发展阶段，打赢中国汽车产业智能化变革"下半场"这一仗，需要更好地布局创新链，需要群策群力，让更多的企业参与创新，解决汽车智能化发展的短板和"卡脖子"问题，让创新快速落地，让更好的智能化产品快速装车，形成规模化的应用，通过速度和规模两端发力，实现领跑世界。行业需要加快丰富生态链，让更多的中小企业、跨界企业参与汽车这场波澜壮阔的智能化变革，让汽车的物种更加丰富，让汽车更能够形成引领生态发展的集聚力。

没有一家企业可以包打天下，没有一个技术可以垄断全球。开放的心态、共享的平台,是成就汽车产业智能化发展最重要的途径,也是最重要的载体,因此,整个行业要共同形成创新链、部署产业链、丰富生态链,共享发展理念和成果。

第二节　汽车产业生态的定义、特征与主体

智能化和网联化是汽车产业发展的重要方向。汽车产业在持续吸收和运用信息通信、人工智能等数字化技术的过程中,不断创新产品和服务形态。与此同时,汽车产业的边界不断扩大并渐趋于模糊、产业组织结构也发生重大变化,新的汽车产业生态正逐步形成。

一、汽车产业生态的定义及特征

1. 汽车产业生态的定义

生态的提法借鉴了生物学中"生态系统"的概念。在自然界中,任何生物都不能孤立存在,物种与物种、物种与环境之间构成了可循环的统一整体,就形成了生态系统。20世纪90年代,詹姆斯·穆尔(James Moore)率先将生态一词引入管理学,提出了"商业生态系统"的概念。穆尔认为,商业生态系统是由企业及与之链接的消费者、市场中介、供应商、政府部门、社团组织等共同构成的网络化系统。生态是围绕着一个或若干核心企业构建的、介于企业与市场之间的生产组织机制,在这种机制中,各类组织复杂交互,既"人各有志"又"互惠共进",共同演化成为一种竞合平衡、环境适应、稳定进化的社会生产形态。

汽车产业生态是汽车产品或服务背后的一组协同工作的主体，与外部环境共同构成的复杂有机系统，包括核心生态子系统、支持子系统和环境子系统，具备动态开放、价值共创、网状多元等特征。生态主体共同组成商业循环共同体，在彼此价值链交织的合作与竞争中，通过持续地创新和运营来创造价值。在整个生态系统中，核心生态子系统由汽车产业相关企业（整车企业、零部件企业、软件企业、渠道商等）和消费者共同构成；支持子系统包括投资机构、标准制定机构、高校、科研机构、行业协会等；环境子系统则包括政策制定机构、监管机构、社会舆论、科技动态等。

2. 汽车产业生态的内涵和特征

在汽车"新四化"的趋势下，汽车正由传统的机械电子产品向智能互联产品转变，汽车产品中软件和服务的占比正不断加大。与传统汽车产业生态相比，新的汽车产业生态具有以下内涵及特征。

（1）动态开放。传统汽车产业是相对静态和封闭的，新的汽车生态是动态和开放的。汽车产业历经一百多年的发展，已经形成了一个分工明确、层级稳定的产业链。产业水平分层，每个层级的供应商长期稳定。汽车子系统和零部件由哪些厂商提供，在汽车定型时就已确定下来，在一辆车的生命周期内不会改变。随着汽车智能化、网联化的发展，汽车供应链的层级将不再固定，新的软件提供商、服务提供商加入进来。并且在汽车的生命周期内，会不断按需增加新的服务。

（2）价值共创。用户成为汽车生态的重要组成部分。传统汽车产业从供应链企业、整车企业到用户，呈单向线性关系。处于生态顶端的整车企业多以自身产品为中心，其余各方的反馈影响有限。在新的汽车生态系统中，用户的地位将极大提升，整车企业将从"以产品为中心"向"以用户为中心"转变。只有通过生态，才能更好地实现价值。传统汽车企业价值的实现主要在车辆销售和交付，而未来价值的实现更多是在购车之后为用户提供的服务，包括通过软件升级实现更多的功能，以及联合生态合作伙伴共同为用户提供服务。

（3）网状多元。传统汽车产业有比较清晰的链条关系和产业边界。新的汽车生态上下游的关系不再明显，各主体互相关联、整体联动。单个企业可能同时存在于生态系统多个小的链条或子生态里。整车企业和供应链企业之间的耦合深度将大大加强。随着汽车技术的范围扩大和复杂度的提升，企业之间的分工将更加细化、合作将更加多样化。传统供应链的层级将被打破，界限渐趋模糊，并将出现新的主体。

二、汽车产业生态全景及主要参与者

1. 汽车产业生态全景

传统汽车产业是由整车企业、零部件企业及汽车经销商等组成的基于硬件的生态。随着汽车向智能互联产品进化，具备软硬件集成和解决方案供应能力的新型整车企业有望成为生态的核心。感知、计算、通信、数据服务等企业也是生态的重要组成。未来，随着汽车价值链中软件和服务的占比逐步增大，各类服务提供商的地位将大为提升。围绕出行服务、生活服务和物流服务等多种服务，将形成更大的生态，并与智能家居、智慧交通、智慧城市等生态相互融合。

未来汽车将成为新型能源终端、移动终端和城市智能服务平台，分别由新能源汽车产业链、智能化产业链、网联化产业链支撑。各产业链相互交叉，并与汽车研发、制造、服务等环节相融合，为各类用户提供创新的产品和服务，构成未来新的汽车产业生态（图6-1）。

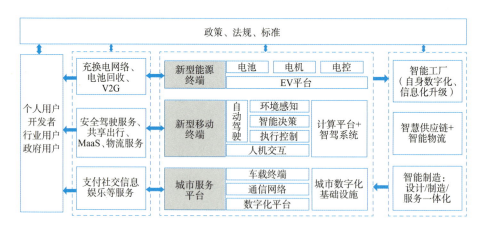

图6-1　未来汽车产业生态全景

资料来源：车百智库研究院整理。

2. 汽车产业生态主体

智能网联汽车涉及汽车、信息通信、交通等多个产业，产业生态的广度与复杂程度远超传统汽车产业。从参与价值创造与分配的关键要素视角看，智能网联汽车产业生态主要包括以下主体。

（1）智能汽车研发制造企业。高精度传感器、计算芯片、操作系统、定位系统等智能软硬件成为关键环节。在整车设计制造方面，随着自动驾驶等级的逐步提升，车辆的整体结构设计也会相应发生变化，甚至出现重大变革，如在车身形态、座位布局、安全系统等方面加以调整，以进一步增强车辆的经济性和安全性。

（2）智慧道路基础设施企业。车路协同是实现自动驾驶商业化落地的重要路径。高水平的自动驾驶离不开智慧化的行驶环境与辅助设施。智能信号灯控制系统、路侧传感器、监控识别装置等各类智慧化设施通过路侧单元（RSU）等集成化设备，实现与智慧杆桩、智慧建筑共建共享，融入智慧城市建设运行体系。

（3）支撑智能汽车的充换电系统企业。智能汽车能够降低车辆和人力成本，激发潜在的交通物流需求，因而更需要加大绿色低碳能源供给，丰富能源供给形式。在分布式能源、储能充能设施、移动换电服务、生物燃油、车载氢能转化等领域，将培育形成新模式新业态。

（4）保障智能汽车运行的高带宽、低时延通信网络运营企业。车联网需要以移动通信网络为基础，实现安全稳定的实时交互功能。为此需要开设专用频段，建设或升级交通专用通信网络，形成移动通信服务的细分市场，从而为电信运营商及通信领域设备供应商、技术服务企业提供重要发展机遇。

（5）卫星高精度定位、高精度地图及导航服务企业。未来将结合卫星定位系统、通信网络、移动终端等形成的定位能力，满足多种应用的定位需求。通过智能化地图工具，提供道路实时交通状态信息，预测出行时间及相应的未来路况，动态优化行驶路径。围绕定位系统/高精度地图的建设和运营，地图厂商、科技公司、互联网服务商等迎来广阔空间。

（6）基于智能网联汽车的出行服务企业。借助智能化的人机交互界面，拓展"车上大屏"移动互联网终端信息增值服务新业态，涵盖传媒、娱乐、教育、电商购物、远程办公、大健康、养老助老等诸多功能，探索适于车内和户外生活消费需求特点的线上线下一体化服务模式。

智能网联汽车产业生态主要参与者见表6-1。

智能网联汽车产业生态主要参与者　　　　　　表6-1

分类	生态主体	所提供的产品/服务
基础支撑	传感器提供商	环境感知传感器
	计算硬件提供商	计算芯片、域控制器
	算法提供商	自动驾驶、人机交互算法
	基础软件提供商	操作系统、中间件、数据库等
	算力设备提供商	云计算、边缘计算
	网络设备提供商	5G/V2X网络
	数据服务提供商	数据处理、数据分析
	定位服务提供商	高精度卫星定位
	高精度地图提供商	高精度地图
集成方案	智能汽车产品提供商	整车（含特定场景无人车）
	智能汽车关键系统集成供应商	自动驾驶、智能座舱等
	智慧城市交通系统方案供应商	路侧设施、交通设施等
应用服务	应用软件开发商	开发各类出行服务App
	内容提供商	信息娱乐服务提供
	网络运营商	5G/V2X网络运营
	能源服务商	充换电服务、能源相关服务
	出行服务提供商	出租汽车服务、生活服务等
	智慧交通运营商	流量引导、停车场运营等

资料来源：车百智库研究院整理。

三、汽车产业生态环境

（1）制度环境。汽车产业发展离不开公平有序的市场竞争环境。汽车生态发展需要不同所有制、不同行业、不同体量、不同国别的企业共同参与。必须有鼓励创新、平等进入、遏制垄断、保护知识产权的制度设计，要有完善的市场规则和调节机制。需要政府不断通过深化简政放权、放管结合、优化服务，确保市场在资源配置中的决定性作用。

（2）法律环境。未来汽车法律环境的完善，重中之重是对数据权属、流通、交易、处理等重要规则的确定。目前我国相关立法主要围绕个人信息保护、商业秘密以及国家安全方面，关于数据确权、流通等相关法律法规和规则的制定相对滞后。同时，对于智能网联汽车所涉及的重要数据、关键信息基础设施等相关概念也亟须给出明确的界定，并对相关法律行为、法律责任给出明确规定，保证智能网联汽车产业发展和治理有法可依。

（3）人才环境。产业发展的根本是人才。智能网联汽车作为跨领域、跨学科的复杂产业，涉及电子信息、通信、人工智能、云计算、大数据等多个领域的专业人才和复合人才。信息通信领域、汽车领域以及各个垂直行业领域的专业人才之间的协同配合，是保障智能网联汽车产业发展的关键。

（4）资金环境。智能网联汽车是一项前瞻性、长期性、战略性系统工程，在重大项目研发、战略基础设施建设、应用推广部署等方面需要大量、稳定、健康的资金保障。完善的资金环境要有金融资源向实体经济重点领域、薄弱环节配置引导的机制，确保直接融资渠道畅通，确保中小企业、民营企业融到资、融好资。合法依规鼓励金融创新，通过设立产业投资基金、发展产业链金融、完善信贷风险补偿机制等多渠道、多层次融资途径，为企业开展智能网联创新应用提供资金支持。

第三节　构建汽车产业新生态的机遇与挑战

一、中国构建汽车产业新生态面临历史性机遇

（1）拥有完整的制造体系。经过多年发展，中国汽车整车和零部件均已具备一定发展基础。智能网联汽车很大程度上是电子产品，而中国的电子制造业规模和水平都已经是世界一流（核心芯片除外）。中国汽车产业的短板在于发动机和自动变速器等，但电动汽车恰恰同时规避了这几个短板。自动驾驶的核心硬件主要是各类传感器，例如GPS、毫米波雷达和激光雷达，这些电子零部件都能够在中国生产。所以强大的电子制造能力将成为中国最大的优势。

（2）拥有需求旺盛的市场。中国是全球最大的汽车市场，新能源汽车发展速度领先全球，在潜在市场规模、用户习惯等方面具备优势。中国是全球最大的移动终端消费市场，移动互联网应用全球领先，消费者对汽车智能化的需求位居全球前列。中国的手机支付量世界第一，为共享出行和未来一系列复杂的商业模式提供了基础。中国目前也是世界第一大共享出行市场。中国四通八达的高速公路以及发达的物流运输，为自动驾驶技术提供了世界最大的市场。

（3）具备基础设施和关联产业的优势。中国在网络通信、互联网、人工智能等关联产业整体上处于全球前列。这对于智能汽车生态的发展非常有利。从20世纪90年代至今，我国在网络通信领域实现了从追赶到领先，为我国智能网联汽车发展奠定了坚实基础。

2010年以来，我国互联网产业蓬勃发展，涌现出百度、阿里、腾讯等世界级互联网企业。近年来，我国在人工智能应用领域也取得丰硕成果。同时，智能网联汽车也为这些关联产业提供了更大的发展空间。

（4）具备政策和制度优势。中国大力支持新能源和智能网联汽车发展。2020年我国出台《智能汽车创新发展战略》，提出了从关键核心零部件系统到平台，最后到智能汽车品牌的发展路线。我国先后在20多个地区建设智能网联汽车相关领域示范区，探索智能网联汽车技术方案、建设测试场景、开展测试服务。此外，中国政府制定了前瞻性的环保政策。政府在统筹调度社会资源、筹集基础设施建设资金上具备制度优势。

二、中国构建汽车产业新生态的挑战不容忽视

（1）核心技术存在短板。智能网联汽车核心技术是汽车产业生态的基础。我国在高性能芯片、传感器、操作系统、工业软件等基础技术领域还存在短板，亟待补齐。发展核心技术和构建产业生态相辅相成。操作系统本身是ICT的核心技术，同时也是构建产业生态的关键。我国在芯片、操作系统等基础领域长期落后的关键原因，正是没有抓住这些生态形成的关键时间窗口。我们必须加快在智能汽车核心技术的布局，着力构建中国汽车产业生态。

（2）技术标准体系亟待建立。智能网联汽车尚未建立起统一的技术标准。当前各整车企业开发的电子电气架构软硬件接口各不相同，并都在开发定义自己的汽车操作系统、服务接口、开发工具链等。开放的技术接口及标准有利于生态系统的建立。我国在汽车电子电气架构、基础软件、软硬件接口、网络通信及安全等关键领

域,亟待建立有利于产业发展的标准体系。

（3）创新环境尚待优化。良好的创新环境是培育生态的土壤。我国在知识产权、技术转移、数据开放和隐私保护等方面与国际先进水平存在差距,需要进一步完善相关政策法规。

第四节 加快发展智能网联产业新生态的建议

一、对政府部门的建议

（1）以政策引领生态。政策方面,建议出台更多支持智能网联汽车发展的政策措施,包括资金支持、税收优惠、基础设施建设等。法规方面,完善自动驾驶相关法律法规,明确自动驾驶车辆的测试、认证、运营和责任划分等问题,为产业发展提供法律保障。安全方面,加强车载系统的安全防护,防止黑客攻击和数据泄露,确保智能网联汽车的安全运行。隐私保护方面,合理管理和保护用户数据,确保用户的隐私权不受侵犯,提升用户信任度。

（2）以标准强化生态。标准在产业生态的建设中具有重要作用。未来汽车在涉及大量技术标准的同时,也涉及相当多的行业标准、应用标准,单靠市场行为难以有效推动,需要不断加强政府在这些方面的引导作用,促进汽车产业生态发展。汽车产业相关的技术和发展模式都需要标准的引导。在通信领域,我国已深度参与国际标准制定,在部分细分领域形成主导。应充分借鉴信息通信领域的标准实践经验,积极参与,甚至带头组织相关汽车国际标准的制定工作。

（3）以基础设施支撑生态。完备的基础设施是智能汽车生态构建的关键要素。基础设施具备公共属性，具有投资大、建设周期长、专业性强、涉及面广等特点，仅靠单个行业或企业难以胜任基础设施建设任务。建议政府更好地倾听行业诉求，从国家层面进行统筹规划，积极引导汽车产业生态所需的基础设施投资。

（4）以人才激活生态。在当前软件越发重要的背景下，汽车行业只有培养大量软件专业人才，才能更好地推进软件定义汽车的发展。大专院校及研究机构应该开设汽车软件相关课程，为行业输送符合汽车智能化发展的"懂汽车+懂软件"的复合型人才。同时，行业中也需要有顶级的专业技术委员会，指导行业搭建软件人才队伍，给出人才培养方面的合理化建议。在自身人才培养的同时也需要重视人才引进和人才融合。人才引进需要合理的体制机制并不断地进行完善和优化，避免技术外流和人才外流。人才融合需要结合汽车产品开展有针对性的培训和适应性训练，需要更加重视人才的创新和学习能力。

二、对核心企业的建议

（1）明确企业定位。当前汽车产业的边界正在不断扩展，汽车创新的内容也不断丰富。未来汽车将覆盖多产业、多领域、多环节的诸多要素，涉及空前广泛的核心能力，诸如新汽车的平台、架构，新硬件、软件及相关技术，出现新型产业分工和资源重组的商业模式，以及基于数据闭环的产品和服务优化等。尽管汽车产业的边界渐趋模糊，但是企业经营的边界必须明确。也就是说，未来企业需要确定自己的主业究竟是什么，业务的"圆心"定位在哪里，辐射的半径有多大。任何企业都无法独自拥有上述的全部核心能力，所以必须精准定义自身在产业生态中的位置，聚焦于培育独特的核心能力。特别是对于整车企业来说，必须认识到汽车核心技术的范围正在扩大，其中部分核心技术自己并不具备，而且有些核心技术永远都无法也不应该掌控，唯有采取"自研+合作+开放"的方式，才有可能获得所需的全部核心技术。

（2）协同内外部资源。对于整车企业来说，在内部，需要面向硬件开发、软件开发和数据管理，进行研发业务的重新分工，并实施"软件先行，硬件适配"的开发策略，建立敏捷型组织，打造相关软件及支撑硬件，来实现产品的快速迭代。在外部，需要加强技术生态建设，通过商业模式创新，与重点伙伴进行合作绑定，以实现资源组合的优化和产品迭代开发的能力，还需要与核心供应商紧密合作，尤其要与关键领域的供应商建立战略互信的生态伙伴关系。

（3）完善流程与标准体系。为了实现生态创新，汽车开发流程和标准体系必须进行全方位、革命性改变。主要包括：将适用于硬件的传统V字形开发流程与适用于软件的敏捷型开发流程有效融合起来；面向软硬解耦的新局面，构建软硬分离、责权明确的新型质量管控体系；建立并不断完善数据共享的机制，以实现数据的有效流通和最大价值；合理切割生态伙伴之间的知识产权，确保生态合作的可持续性等。

三、对行业组织的建议

（1）搭建创新平台。发挥行业组织优势，支撑汽车共性技术研发、标准联合研制、试验验证推广等工作。联合软件、芯片、域控制器、车用操作系统等相关企业，构建开放平台。通过这个生态平台，芯片可以从设计阶段就参与产品定义，使芯片能有足够的互换性、可扩展性。车用操作系统可以了解到如何能使芯片的作用发挥到极致，同时可以了解如何能更好地配合控制器开发，从而加快控制器推向市场的速度。控制器开发商通过这个平台，借助自己对车端的理解优势，不断地向车用操作系统和芯片供应商提出需求，让这两个产品可以更好地服务控制器开发。这样循环联动起来，能带动大家一起培养和完善产业生态，促进核心技术自主研发。

（2）汇聚行业资源。产业联盟是企业之间通过合作研发、资源共享、共同开拓市场等方式进行相互协作的利益共同体。行业组织在产业联盟建设方面可以发挥重要作用。通过技术、应用、标准等各类联盟，推动产业生态构建；通过举办各类会议、赛事、技术测评等工作，为产业各方搭建沟通桥梁；基于行业内已形成的标准或优秀案例，各家可集中资源继续做更深层次或更高层次的技术创新。

（3）推动国际合作。汽车产业是全球性产业。尽管当前全球化趋势回潮，但开放合作仍将是汽车产业发展的主流。美国、德国、日本等汽车科技强国在基础研究、传统车辆技术领域具备深厚积累和先发优势，而我国在电动化、网联化等领域商业化应用处于领先，国内外技术和产业具备很强互补性。行业组织需要积极探索建立健全多层次的智能汽车国际合作机制，推动产业发展和生态构建。

PART 05
第五篇
展望建议

第七章
CHAPTER 07

探索中国式智能网联发展之路

第一节　我国智能网联汽车发展趋势

一、智能化进入全面加速期

我国汽车智能化正进入全面加速普及期，塑造用户体验将成为市场竞争的关键。一方面，基础智能化正走向全面普及，2024年，我国乘用车L2及以上辅助驾驶与智能座舱的渗透率分别达到55.7%和71%，预计2025年将分别达到65%和76%，在未来两三年内，基础智能化功能将成为新车"标配"。

另一方面，高阶智能化将加速渗透，高速NOA、城市NOA等高阶智能化功能，正向10万元至20万元的主流价格区间车型普及，显著降低了用户体验高阶智能化汽车的门槛。

这两大趋势共同推动汽车智能化跨越早期导入阶段，进入全面加速普及期。市场竞争焦点也将随之转变，随着汽车智能化功能已经成为"基础项"，消费者关注点从过去"有没有"智能化功能的基础需求，转向"好用""好玩"的更高需求。在此前提下，车企如何提升用户体验、充分发挥智能化优势，将是这一阶段竞争的关键。

二、AI技术对汽车产业带来全新变革

AI时代，汽车成为人工智能技术落地的最大应用场景，人工智能技术也会改变汽车智能化发展模式，为汽车行业带来全面变革，"汽车+人工智能"将成为最佳组合，实现两个产业的双赢。预计2025年将成为AI技术全面应用于汽车行业的关键之年。

AI技术应用于汽车端，提升产品科技属性和娱乐属性。智能驾驶方面，感知、决策等环节引入AI大模型技术，可大幅提升模型的场景应对下限和上限。AI大模型应用于数据处理环节，可以提升数据标注效率，降低训练数据的处理成本。也能够用于合成数据，提升模型的鲁棒性（Robustness，指系统在面对内部结构和外部环境变化时，保持其性能和功能稳定的能力），降低数据获取成本。

在智能座舱方面，AI技术能渗透人机交互、安全等各个环节，基于使用场景提供海量个性化服务和应用，让汽车变得更加"好玩""好用"。传统零部件使用AI技术也能实现快速转型升级，例如过去传统汽车前照灯在控制芯片和AI算法加持下，价值可由几千元提升至1万~2万元。

汽车及零部件全生命周期会由浅入深地应用人工智能技术，提升企业经营与组织效率。大模型将以智能体形式深入企业"研、产、供、销、服"业务全流程，促进汽车产业智能制造升级。在设计开发环节，大模型可作为AI代码助手辅助编程，同时也使CAD、Ansys等设计软件AI化；在生产制造环节，大模型可推动工厂管理、质检等制造全流程智能化；在市场营销环节，可利用大模型打造高效、精准的营销系统，高效触达用户；在经营管理环节，可利用大模型优化企业经营过程，如自动生成报表、整合企业知识库、优化组织流程、降低决策风险、提高决策效率；在车辆使用环节，可借用AI技术为用户提供智能客服、智能用车助手等服务，帮助企业建立更紧密的用户关系，并提供更多可能的盈利点。

三、汽车产业向聚合型产业外溢效应加速

2025年智能汽车技术会快速发展，汽车新质生产力会加速在聚

合型产业落地放大。

汽车"飞上去",就是低空出行。高能量密度动力蓄电池及智能控制技术,加速在汽车领域突破和规模化应用,目前已进一步外溢至低空出行工具,智能电动汽车成为低空经济的赋能者。小鹏、吉利等车企看到了其中的机会,加速布局相关产业,成为低空经济的参与者。

汽车"立起来",由四个车轮变成两条腿就是机器人。智能汽车关键技术应用到生产和服务领域,会赋能机器人产业。国外的特斯拉以及国内的小鹏等车企,都在高度关注,甚至已经深度参与人形机器人开发。目前具身智能产业的进步,很多是汽车企业技术突破后带来的外溢效应,智能汽车企业、具身智能企业或者人工智能企业,这几个产业是相通的。

四、汽车企业探索高质量发展新模式

企业应调整过去盲目拓展的发展模式。追求品牌过多、盲目扩张的发展模式,不适用于高质量发展阶段。品牌盲目扩张导致市场定位重复,大部分品牌市场销量不高,2024年中国70多个在销自主新能源汽车品牌中,超过一半月销量低于5000辆。

当新能源汽车由过去狂奔发展进入相对平稳阶段后,企业需要探索高质量发展新模式。例如通过内部品牌整合、研发平台架构和技术人员整合、细分市场和主要业务聚焦的战略调整,进一步降低研发和整车物料清单(BOM)成本,减少竞争损耗,实现企业的可持续发展。

由全能思维转变为定位聚焦,形成核心竞争力。在电动化、智能化的"两化"发展阶段,企业全面研发布局的投入方式给企业带来了巨大的投入压力，进入新阶段后，需要结合外部和自身力量有选择性地投入。例如通过成熟的科技企业、关键零部件企业的外部赋能作用，避免时间成本和资本的重复投入。另一方面，也要探索更多产能合作的新模式，例如利用闲置产能代工等方式，在减少新工厂、重资产投资的同时，盘活存量资产。

从全生命周期看待企业的可持续发展。汽车智能化阶段，以单车盈利为单一价值评估的方式正在发生变化，行业需要重新探索和建立能够科学评价企业健康发展状况的新维度、体系和路径。企业需要从全生命周期角度创造企业价值和盈利模式，例如通过车辆OTA服务、出行信息服务、保险服务等，逐步向带有互联网思维的智能化服务转变，依靠售后市场提供更多黏性服务，实现更多盈利的可能性。

五、跨国车企主力在加速向新本土化发展

加速由技术和供应链"两头在外"的发展模式向"在中国、为世界"的新本土化模式转变。跨国车企在我国的传统发展模式，已不适合当前快速发展的智能电动化阶段，一旦调整过慢，结果就是业务收缩甚至退出中国市场。跨国车企新的本土化发展趋势主要体现在两方面：

一是全球研发和决策中心向中国转移，通过利用中国电动化、智能化技术基础，结合跨国车企自身产品和品牌等优势，快速做出市场反应和技术创新，能够为跨国车企进一步降低研发成本、缩短研发周期，更好地为全球市场提供服务。

二是打造中国供应链和跨国车企相结合的全球共生模式，充分利用中国零部件企业优势和跨国车企的全球经验，探索新的国内外

整零关系和全球布局，带动中国供应链成为跨国车企全球供应链体系的组成部分，这不仅能带动中国供应链的全球化发展，还能提高跨国车企全球竞争力，更好地按照其全球战略服务全球。

六、新能源汽车要走"新国际化发展"之路

中国车企将面临更为复杂的国际发展环境。汽车行业过去是由外向内吸引全球汽车产业到中国，今后将转变为由内向外，用先进制造技术和优质产品服务全球市场，这一转变过程将面临新的全球产业竞争形势和发展环境。在过去一年，已出现欧盟对华电动汽车加征7.8%~35.3%的反补贴关税、美国加征100%关税等贸易保护主义行动，未来仍将面临更多的外部打压和制裁。

国际形势的变化，将导致我国新能源汽车国际化发展的区域格局出现转变，如中国对欧洲、美国、土耳其等地区或国家的新能源汽车出口势头减缓，而在拉美、东盟、中东等区域贸易出口与产业本地化拓展持续加速。预计2025年中国新能源汽车出口将延续温和增长势头，整体规模达140万辆左右，区域分化和调整仍将持续。

新形势下，中国企业要走出"新国际化发展"道路，核心是要区别于过去单纯的贸易，形成"你中有我、我中有你"的利益协调共生关系。未来将由直接出口转向把生产放在市场所在地，企业应改变在当地"单干"的模式，与当地企业在资本结构、生产、品牌、技术授权等方面展开更多元的合作。与此同时，出海本地化发展模式要因地制宜，每个国家和区域千差万别，不能像过去那样盲目复制国内的经验，要充分调研当地行业发展的法规、标准、人文等情况并进行适应性调整。

第二节 全面推进汽车智能化

随着智能驾驶、智能座舱功能渗透率的快速提升，我国汽车智能化已迈过探索导入期，进入"好用"与"好玩"为核心驱动力的全面智能化新阶段。

一、汽车智能化已进入"好用"+"好玩"的新阶段

回顾手机行业演进历程，早期的智能化往往带有一定盲目性，很多"智能"产品并不一定"好用好玩"，更多是对技术、功能和消费者偏好的探索。汽车智能化经过2~3年的发展很快走过了这个阶段，进入比较理性的阶段，不仅关注"好用"，也关注"好玩"，这体现在三个方面：

智能化渗透率在加快普及。2024年上半年，乘用车L2及以上辅助驾驶渗透率已超过55%（图7-1）。其中电动汽车与智能化的技术和产品有更高的适配度，智电呈现"一体化"趋势，这在中高阶智驾功能（领航辅助驾驶）方面尤为明显（图7-2）。

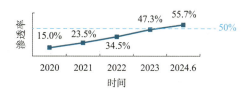

图7-1　2020—2024年6月我国L2及以上智能驾驶渗透率情况

资料来源：工业和信息化部，百人会车百智库整理。

智能化对消费者购车选择的影响越来越大。2023年，智能化已经成为新能源汽车消费者购车的第二大主要考虑因素，这体现出市

场需求也在拉动汽车智能化发展（图7-3）。

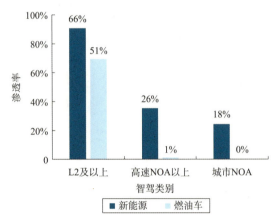

图7-2　2024年1—6月新能源/燃油车智驾渗透率对比

资料来源：乘联会，佐思汽研，百人会车百智库。

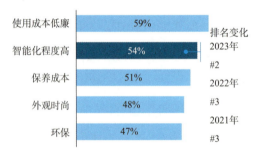

图7-3　2023年智能化程度成为新能源汽车消费者购买考虑因素第二名

资料来源：麦肯锡，百人会车百智库整理。

消费者对智能化的关注点从"有没有"进入到"好不好"阶段。一方面，基础智驾功能（L2）进入后50%的晚期大众市场，此类用户相对更加保守、理性，对新技术的关注度和对错误的容忍程度较低，追求有性价比且更加"好用"的产品。另一方面，创新者、早期使用者甚至早期大众正在习惯于使用更高阶的领航辅助驾驶功能，"好玩"的体验成为吸引先锋用户的关键。"好用""好玩"成为用户对智能化功能的新诉求（图7-4）。这意味着汽车智能化进入需要依靠技术侧、产品侧核心竞争力才能打赢发展之仗的新阶段，继续沿用一些行业早期靠造概念、炒噱头来发展智能化的道路已经走不通。

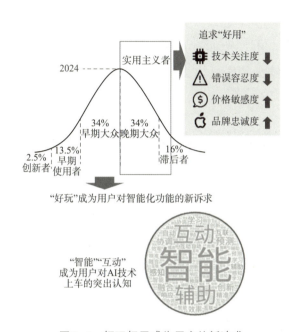

图7-4　好玩好用成为用户的新追求

资料来源：百人会车百智库。

二、AI技术的发展与应用对汽车智能化之路带来全面变革

智能化发展新阶段，以大模型为代表的前沿AI技术成为关键驱动力，其已经应用到汽车"研产供销服"的各个环节，将为智能汽车的发展带来一次全面的变革。整车层面，改变了智能驾驶的技术发展方向，数据驱动快速取代了规则驱动，基于大模型技术的端到端自动驾驶成为主流的技术路线，数据标注、数据合成、仿真等环节引入大模型，显著提高了云端算法训练效率。这些AI技术也全

面、广泛地渗透到人机交互、安全及监测等环节，给智能座舱带来了大量的个性化应用和服务，让汽车变得更"好玩""好用"。零部件层面，车灯、底盘、座椅等传统零部件在AI加持下，也会实现快速转型升级。例如，汽车前照灯结合矩阵照明、控制芯片和AI算法，在过去单一的照明属性基础上，进化为具备更多娱乐交互功能的全新车载部件，价值量也大幅提升。

三、高质量建设支撑汽车智能化的三大基础设施

汽车智能化发展离不开汽车产业之外的数据、算力、路侧等新型基础设施。若缺乏这些基础设施，智能汽车产业根基不稳，难以持续发展。反之，若能构建完善的基础设施，则能吸引产业、人才等创新资源加速聚集。

构建支撑算法训练与研发的大数据平台。国内车企具备开发智能驾驶模型算法能力，但单一车企面临数据分布场景密集、不同车型数据复用性差、数据处理能力不足等问题，往往难以形成足以训练高质量智能驾驶的数据，制约了智能化算法的训练和迭代效率。因此，建设汇聚海量、高质量、高标准数据的公共平台，不仅能有效降低单个企业研发成本，还能吸引智能化企业和人才形成"磁吸效应"，促进产业集群的形成，并加速人工智能算法的迭代和优化。

共建共享算力平台支撑汽车智能化发展。随着汽车智能化程度的不断提高，其对算力的需求呈指数级增长，端到端智能驾驶、座舱基础模型、垂直领域模型均对算力提出极大需求。构建共享大算力平台，能降低企业算力建设成本、加快国产算力软硬件适配，加速算法的验证和部署。

构建低成本、广覆盖、集约化的路侧基础设施。当前路侧基础

设施建设面临成本高、覆盖不足、利用率低等问题,通过复用现有设备,实现集约化建设和标准引领,可以有效降低建设成本,提升交通效率和安全性,还可为车企提供丰富的测试和验证环境,促进车路云中国技术方案的成熟和应用,实现可持续发展。

四、汽车芯片产业的"一降两提升"

汽车芯片的需求中(图7-5),先进制程芯片是汽车高级别自动驾驶、智能座舱等不可或缺的核心要素,但数量占比较低;成熟制程芯片是汽车电动化、智能化发展的基础,数量占比也较高。我国芯片制造处于先进制程产能长期不足、成熟制程产能快速扩张阶段。为夯实汽车电动化和智能化发展的基础,降低对国外先进制程芯片的过度依赖,现阶段中国汽车芯片产业战略思路可概括为"一降两提升"。

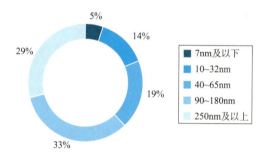

图7-5 2025年汽车芯片需求(按制程分类)

资料来源:麦肯锡,百人会车百智库。

"一降"即降低对先进制程芯片的依赖程度。与移动终端应用场景不同,汽车芯片对功耗的敏感性相对较低。针对智能驾驶、智能座舱等高算力需求芯片,可通过架构创新、设计创新以及封装创新等多种手段,如采用RISC-V架构、芯粒封装技术等,有效提升芯片算力,降低对先进制程芯片的依赖,从而规避潜在供应链风险。

"两提升",即一方面提升跨国企业成熟制程芯片的本土化水平。目前,跨国企业在中国汽车芯片市场的份额仍超过80%。为保障汽车产业链供应链的稳定性和安全性,应充分利用中国新能源汽车市场的应用优势,支持跨国企业实现汽车芯片本土研发和制造,并鼓励其面向未来需求开发下一代产品,实现"在中国、为全球"的发展战略。另一方面,提升国内企业成熟制程芯片的自主化水平。中国本土芯片企业与整车企业沟通更深入,具有更高的灵活性和更快的迭代速度。因此,应鼓励并支持本土企业结合应用创新基础,加快产品线布局,提升供应链质量,完善软硬件适配,实现从模仿到创新的升级。

五、汽车操作系统不能重蹈智能手机覆辙

要高度重视操作系统问题。在手机智能化时代,我国错失了发展自主可控操作系统的巨大机遇,市场长期被谷歌Android、苹果iOS垄断。而汽车操作系统不仅管理信息,还控制车辆行为,其自主可控的重要性和必要性远超手机操作系统。但现在自主操作系统装车率还不足10%,大量智能汽车依赖外部操作系统,安全风险很大,未来很可能需要切换。而参考手机领域,操作系统生态属性明显,后发者易于实现技术追赶但很难实现生态切换,华为为发展自主鸿蒙操作系统,除百亿级的研发投入外,每年投入60亿用于支持和激励鸿蒙开发者创新。

当前操作系统(OS)的问题并不在于技术层面,而在于装车应用。本土企业在车载OS、车控OS、智驾OS三个关键领域的技术水平已与跨国企业相当。真正的卡点在于自主OS"上车难",企业自主可控与行业自主可控利益不一致影响车企装车动力,标准不统

一、生态割裂导致车企决策成本高，检测认证体系尚不完善影响车企装车信心。"上车难"进一步导致自主OS难以实现技术、商业、生态的可持续发展，难以像国外操作系统依靠海量装车经验覆盖边缘功能，难以为企业和投资者提供十亿级、百亿级持续投入的信心，对硬件厂商、开发者缺乏吸引力。

应该加快推动本土操作系统在增量汽车上的部署，避免重蹈手机行业的覆辙，这点具有重大的战略意义，刻不容缓。这既需要构建创新驱动体系（内生动力），把握整车AI操作系统发展机遇，实现自主产品定位从"替代"到"创新"的跃升；也需要构建行业、政策支撑体系（外部支持）解决生态建设难点和装车卡点。

六、重点布局智能化增量和升级型零部件

汽车智能化驱动下的零部件升级，已成为产业价值增量的新方向。需求方面，我国消费者对汽车智能化功能认可度高，以智能前照灯为例，选配价最高可达三万元且选配率高，相较于过去数千元级的普通车灯，对企业利润增量贡献显著。此外，还有大量智能化零部件增量，如中高阶智能驾驶系统价值增量可达0.5万~1.5万元，智能座舱功能（如HUD、DMS、5G通信等）增量0.4万~0.9万元、智能底盘（线控制动、线控悬架、线控转向等）增量1万~3万元，以及智能电池管理系统、智能尾灯等，单车价值量总计增幅可达2万元以上。供给方面，我国芯片、软件、显示、传感器等领域企业正结合消费电子优势，积极进入汽车智能化领域，提供丰富解决方案。预计到"十五五"末期，汽车智能化零部件将形成超过2万亿元的价值增量，形成推动汽车产业智能化升级的重要引擎。汽车和零部件企业应把握市场需求，提供高质量的智能化产品。

七、立足智能汽车技术链与产业链发展聚合型智能产业

汽车智能化已突破传统定义，其边界不断拓展。汽车行业与低空经济、人形机器人及具身智能产业存在明显的交集，呈现"在路上""升上去""立起来"三种形态。"在路上"即传统的智能汽车，"升上去"则指以飞行汽车为代表的低空经济，"立起来"则聚焦于人形机器人为代表的具身智能领域。

立足智能汽车产业链，能更有效促进聚合型智能产业的形成。智能汽车与低空经济、具身智能/人形机器人等产业链技术共享和产业协同效应显著。智能汽车领域的技术积累，如高功率密度电池与电机技术、运动控制算法、智能驾驶算法，可用于飞行汽车；感知硬件与算法、路径规划与运动控制算法，则可用于人形机器人。同时，汽车产业链的成熟和完善，也为这些新兴产业带来供应链、生产制造、市场销售等领域的重要支撑。因此，全球拥有智能汽车技术的企业往往会积极拓展低空技术和具身智能领域。这种聚合效应不仅加速了新兴产业的发展，也为智能汽车产业带来了新的增长点和发展机遇。

八、以开放、合作、专注的思路走好智能化发展之路

在汽车智能化发展中，单一企业难以独立完成全产业链构建。封闭式发展模式难以有效推动智能化进程，而开放则能够促进资源共享、优势互补，通过合作产生显著的协同效应，实现"1+1>2"的聚合效应。

开放共建汽车智能化标准、软件生态。一是联合定义标准，统一通信接口、安全及检测认证等标准，实现不同系统和设备间的互联互通，降低开发成本。二是打造开源生态，通过开源关键软件组件，如

安全车控实时操作系统（Real Time Operate System，RTOS）、座舱及智驾OS等，吸引更多开发者参与，加速技术创新。三是软件交付开放，包括应用生态的商业模式开放、终端丰富和开发工具完善，以及算法和基础软件的"白盒"或"灰盒"交付，以满足不同合作伙伴的需求，实现资源共享和协同发展。

积极开展底层零部件领域的合作。面对智能化带来的技术复杂性和高投入，车企应积极开展底层零部件领域的合作，尤其是芯片、基础软件和智能基础设施等难以独立掌握的关键领域。通过与专业供应商的深度合作，车企可以高效获取最新的技术和解决方案，降低研发成本和风险，并快速跟上技术迭代的步伐。如与芯片厂商合作开发定制芯片，与软件公司合作开发操作系统，与科技公司合作建设智算中心等，形成高效的产业链协同效应。

专注于能打造差异化产品的功能。作为整车定义者和直面消费者的企业，车企应基于自身战略和市场定位，专注于打造差异化的产品功能和服务，尤其应在平台架构、智能化体验和数据驱动三个关键领域构筑竞争优势：通过平台化、模块化平台降低成本并快速响应市场；基于用户反馈和数据分析，实现更"好开爱开"的智能驾驶体验和更"好玩好用"的智能座舱使用体验；建立完善的数据体系，挖掘数据价值，驱动智能化功能快速迭代和持续优化。

九、建立适合智能化发展的政策、法规、标准、监管体系

汽车智能化创新是一个长周期、高动态的过程，具备非常深的"厚度"，技术会不断演进、迭代，且动态更新频率高。上路准入、产品准入、测绘信息管理、车辆运行监管等原有法律法规及规章制度无法适应智能汽车发展的快节奏，机械时代标准制定方法也

无法跟上技术创新速度，甚至有可能阻碍新技术应用。需要形成兼顾支持动态创新、守住安全底线、持续学习适应变化的规制，包括灵活的政策、及时调整的法规、新的标准机制、包容创新守住底线的监管制度，构建起系统性的创新环境，让生产关系能够更好适应先进生产力的发展，促进我国智能汽车产业行稳致远。

一方面，守住底线。智能化技术创新与应用在提升产品使用体验的同时，会带来网络安全、数据安全等风险，也会影响产品功能安全，需要构建起从产品设计开发、生产制造一致性、产品使用到智能汽车运行监管等涵盖汽车全生命周期的安全监管体系，坚守整车产品的安全底线。

另一方面，引领创新。在构建起风险的动态规制前提下，也要加强人工智能技术发展，促进数据要素流通与利用，加快探索自动驾驶的合法地位，可通过沙盒监管的方式促进前沿技术与新模式的创新与落地，推动创新体系与产业体系结合，促进汽车智能化发展。

第三节　重视智能网联汽车发展的战略与政策

智能网联汽车的发展进步还需要关注以下几个战略性问题：

一、加快明确智能网联汽车发展技术路线

汽车电动化发展时期，国家较早解决了多元技术路线问题，及时确定了纯电优先的发展路线，使得整个行业的投资重点、企业研发方向和国家战略迅速统一，节省了大量不必要的投资。当前，智

能化发展也遇到"单车智能"与"车路协同"如何选择的问题。现在看来,二者彼此并不对立,而是取长补短、相互赋能的关系。"单车"必须满足基本安全的智能化要求,即使没有网联加持也能保证自身安全;车路协同的优势在于让智能网联汽车更安全、更可靠,需要解决好车与路、车与城市、车与能源电力、车与数据算力、车与通信网络这五个关系,明确车、路、云各自的能力边界,实现资源合理建设和配置,让车端、路端和云端协同推进,不能只靠单车突破,也不能彼此脱节,让修建的智能化道路找不到应用场景。

二、全链条规划建设智能网联汽车产业链、供应链

当前,我国已经建立了相对领先且完备的电动化汽车产业链。智能网联汽车产业链相比电动汽车大幅扩展,芯片和基础软件的重要性更加凸显,增值服务及运营服务等服务化市场将大幅增长(图7-6)。同时智能网联阶段面临电动化时代没有发生过的供应链"黑天鹅"事件,供应风险将更加突出,需要尽早识别出供应链短板和高风险、高不确定性的环节,及早谋划和布局,防止在智能网联加速发展过程中出现技术"卡脖子"和供应链断链等问题。

同时,必须未雨绸缪地做好全链条的规划和更加安全有韧性的供应链建设,由过度集中的类似汽车半导体供应链的产业链空间布局,向更均衡的全国性布局进行设计和规划。当前,智能网联汽车产业链主要集中在长三角、珠三角地区。以芯片企业为例,长三角地区的芯片设计企业占全国比例超过40%,呈现出东强西弱、空间分布集中的特点。下一步要鼓励中西部地区有条件的城市重点发展汽车芯片等智能化产业链,降低供应链过度集中的风险。

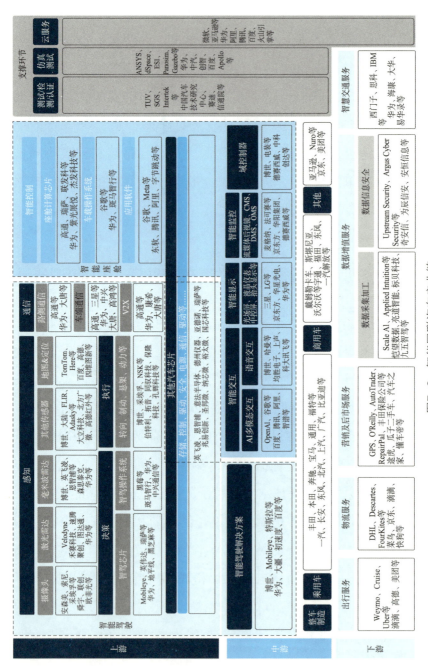

图7-6 智能网联汽车产业链

资料来源：车百智库研究院整理。

三、要有明确的汽车芯片发展战略

智能网联汽车进入规模化发展阶段，汽车芯片很可能会成为产业链最大的短板。汽车芯片涵盖种类多，包括计算芯片、传感器芯片、控制芯片、安全芯片等，且单车芯片数量激增，从燃油车300~500个芯片增加到电动智能网联汽车的1000多个芯片，L4级自动驾驶汽车芯片单车使用量甚至超过3000个。预计到2030年我国汽车芯片市场规模将达到290亿美元，年需求量将超过450亿颗。但目前国内90%以上的汽车芯片依靠外循环，包括从国外进口和跨国公司在本地生产，真正实现国产化的汽车芯片占比不到10%。在汽车芯片产业链中，仍存在EDA（电子设计自动化）及制造能力弱、控制芯片的制造工艺欠佳、驱动芯片的功能安全产品落后、存储芯片的中高端产品能力不足等短板。下一步需依据智能网联汽车发展目标，制定汽车芯片领域的发展战略，明确发展布局，创新组织方式，推动集体行动和协同创新，逐步实现从单点突破到系统升级。

四、在汽车软件领域加快战略性布局

在消费电子时代，我国未在基础软件领域真正实现自主可控，当汽车变成智能终端后，必须要提前解决和谋划汽车所用关键软件的自主可控。以操作系统为例，国内外产品技术水平相当，但国产操作系统市场占比仍低于5%，其生态建设与装车量与国外操作系统相比仍存在较大差距。未来，三大车用操作系统有望融合为一，此外，还有中间件、功能软件、应用软件和工具链等也需逐一分析，确定不同自主车用软件的装车节奏。由于汽车软件在车企应用过程中存在技术依赖和利益绑定，国产软件规模化应用存在硬切换问题（即替换掉原先习惯使用的软件产品）。因此，为确保未来智能网联汽车能够规模化应用自主基础软件，需要制定针对性的战略规划，提前进行布局。

五、支持跨界力量全面参与智能网联汽车发展

智能网联汽车时代需要跳出汽车来发展汽车，即将跨界的力量导入汽车产业。当前跨界企业范围大幅扩展，互联网、消费电子以及声学、光学、健康等新跨界企业开始进入汽车产业，但国内还缺乏解决跨界问题的支撑体系，部分创新型企业进入汽车领域面临一系列障碍，如新技术、新产品与汽车领域原有标准不适配，导致测试、认证难度大，企业产品进入车企供应链难度大，导致形成高新技术进入汽车行业"最后一公里"的"堰塞湖"。因此，应从战略上建立一个解决跨界力量快速进入汽车行业的保障性体系，搭建需求对接、标准及检测认证平台，打通两个领域的中间环节，帮助两侧解决相互认知、相互握手、相互赋能的问题，让跨界企业能够无边际、无障碍地进入汽车领域，支持跨界力量全面参与中国汽车智能化的进程（图7-7）。

六、加强顶层设计与组织协调，制订智能网联汽车发展新规划

电动化阶段，国家及早发现这是一个跨行业、跨部门的系统性工程，成立了横向协同、纵向贯通的新能源汽车发展工作推进机制，这是我国汽车电动化成功的一个主要经验。进入智能化时代，

汽车与交通、能源、数据紧密相联,需要协同的事项更多、频率更高,很难依靠单一部门推动,建立一个横跨中央网信办、工业和信息化部、自然资源部、住房城乡建设部等多部委的顶层推进机制就变得尤为重要。另外,过去十一部委制定了智能汽车的创新发展战略,工业和信息化部制订了车联网行动计划,新阶段需要根据新技术、新的外部环境变化,更新智能汽车发展战略或制定新的政策,加强组织协调和战略指引。

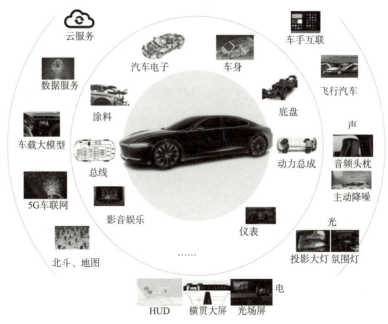

图7-7 智能时代,汽车产业边界不断拓展

资料来源:车百智库研究院整理。

七、构建支持智能网联汽车发展的政策体系

汽车电动化发展阶段,国内构建了一套持续迭代的政策体系,经过孵化期政策推动试点、培育期出台补贴及税收优惠、过渡期加

大基础设施建设及延续税收政策等措施，根据市场需求不断推出汽车电动化发展所需政策，成功推动电动汽车由政策驱动进入市场驱动阶段。目前汽车智能化进入加速发展阶段，也需要及时出台促进智能网联汽车发展的政策体系，从研发端到应用端进行系统设计，包括支持关键技术攻关的科技政策，国产芯片、操作系统等装车应用的财政支持政策，自动驾驶出租汽车试点区域开放政策，促进数据流通与应用、发挥数据生产力的监管政策等，让智能网联汽车发展和政策推动全面结合起来。

八、立足智能化发展加快完善法规体系

智能网联汽车发展还需要法规体系的跟进，当前行业从技术发展角度给出了无人驾驶汽车上路载人的时间表。如果法规问题不解决，很多技术就不能得到商业化应用。

一是加快修订《中华人民共和国道路交通安全法》。《中华人民共和国道路交通安全法》对驾驶员有严格的要求，对汽车事故处理也有明确的法律规定。为了适应智能网联汽车发展，当下迫切需要解决的是明确自动驾驶汽车测试评价标准，包括自动驾驶汽车的上路通行条件、交通违法认定、事故责任划分以及法定地位等。

二是尽快明确智能网联汽车测试验证方法，加快智能网联汽车准入和上路通行试点。包括完善功能安全及预期功能安全的测试验证办法、细化软件升级管理规定、完善高精度地图的更新技术和审图机制、鼓励地方先行先试探索智能网联汽车准入管理等。

三是在保证安全底线的前提下，给企业留足数据创新空间。在确保满足国家的"三法一条例"基础上，采用"技术适度超前"

策略，分阶段、分周期推进汽车数据安全管理实施细则制定，明确权责划分，制定汽车行业重要数据目录，完善数据处理风险评估体系，保证汽车数据安全监管逐级递进。

第四节　城市发展智能网联汽车的战略和路径

电动智能汽车新赛道，使我国汽车产业首次在技术变革起步阶段便成为发展较好的产业，但在电动化、智能化、网联化加速发展的同时，也给地方政府尤其是在传统汽车产业有一定基础、亟须转型的城市提出了挑战。

一、城市在发展智能网联汽车产业过程中的难点

1. 汽车产业突破带来的生产和社会关系调整增加了城市转型压力

电动智能汽车作为新质生产力的典型代表，在产业快速发展的同时，也带来了生产关系和社会关系的调整。具体表现在：一些新能源整车企业及零部件企业过去发展速度快、规模大，但缺乏技术能力，转型困难；很多企业利润低，缺乏持续经营竞争力；发展慢、转型慢的企业逐渐被行业分化并进入下行轨道；资产结构、人员结构面临调整，大量前期投资加速贬值带来的社会冲击不可逆。

在产业转型过程中，过去汽车产业发展较好的城市，面临着经济支柱改变、就业压力增加等问题。一方面政府没有更多的能力做存量的调整；另一方面政府也没有能力创造新的增量，城市面临调整存量和变换增量的双重压力，进入发展瓶颈期。

2. 新能源汽车行业的整合与重组给城市带来波动风险

当前，新能源汽车行业呈现出高增长和大整合并存的态势。一方面，一些城市和企业在激烈竞争背景下不断加大产业投资力度，扩建产能和加大研发布局；另一方面，一些企业遇到转型冲击，平稳发展的空间越来越小，希望实现转型。未来3~5年，淘汰进程将进一步加快，会出现越来越多的并购重组，中国汽车市场将从爆发式增长，逐渐转回到头部企业相对集中的成熟型竞争格局。

城市如何在大型车企并购重组过程中把握机会，拉平波动给城市发展带来的风险和挑战，是城市政府需要解决的问题。

3. 城市汽车产业发展格局和发展方式面临剧变

据估算，到2030年，我国新能源汽车保有量将接近8000万至1亿辆，渗透率接近80%，传统汽车产业发展时期的领先者受到跨界势力的挑战和冲击，很难继续保持原有地位。这种结构性的改变，直接影响城市的发展和定位。在国家着力打造市场公平竞争环境的背景下，传统的"税收优惠"等招商引资和产业发展模式将走至尽头。同时，地方财政压力的持续增加，使其对汽车产业发展的支持力度有所下降，处于调整期的传统汽车产业城市，面临着稳产和再发展的"两难"局面。

城市需要改变传统的发展理念和办法，用新体制、新机制发展新产业，谁改得快、改得有效，谁才有机会享受新能源汽车产业发展给地方经济带来的红利。

4. 汽车智能化网联化加速发展对城市提出更高要求

新能源汽车产业的发展，上半场是电动化，下半场是智能化。中国汽车单月电动化渗透率已超50%，但产业竞争的下半场较量，仅依靠电动化很难形成差异，依靠智能化才是提高竞争能力、提高差异化水平的重要手段，这已成为行业的基本共识。行业的共识也是社会的共识，是消费者的共识，也应该是政府引导产业发展的共识。

当前汽车智能化在中国进入加速发展期，自动驾驶技术创新进入活跃期，但仍不成熟。不成熟是产业发展的机会，自动驾驶作为未来产业，属于新质生产力，既显现出创新活跃的特质，也蕴含着高度的不确定性。因此，地方城市在发展自动驾驶产业过程中，一方面要尊重产业发展规律，敢于冒风险，对未来的投资承担责任，建立符合产业发展规律的体制机制。另一方面，要尊重产业发展的长期性，坚持长期主义，尊重创新规律，这也是发展智能网联汽车自动驾驶产业对城市提出的新要求。

二、发展智能网联汽车的城市战略

1. 加快智能网联汽车增量产业链、创新链、价值链的布局

城市要发展智能网联汽车，除了盯住整车制造之外，还要在增量产业链、创新链、价值链方面加快布局，同时要增加产业的"厚度"。这一链条的竞争才刚刚开始，存在很多机会。

一方面，过去在手机上实现的功能，在汽车终端几乎都能实现，而且会超过手机。这些变化将形成增量产业链，包括激光雷达、新型4D毫米波雷达、高精度地图、定位、芯片、操作系统、车联网通信和软件应用等。这一链条极为丰富，形成了新的赛道、新的产业链。另一方面，智能网联汽车产业发展，需要高人力资本的堆积。"新一线"城市既有较好的产业基础，又有相较于"一线""超一线"城市较低的人力成本。"新一线"城市要利用好人才成本等方面的相对优势，整合高校科研资源，为创造力的发展提

供健康空间，让先进但成本较低的知识大军，成为产业链各环节发展的动力源泉。

2. 抓住人工智能、大模型与汽车产业融合的机遇

城市政府应该跳出汽车看汽车。"人才与智能产业基础"是城市发展智能网联汽车的杀手锏。智能网联汽车的竞争主要集中在两条赛道，一条以华为为代表的智能驾驶赛道，正逐渐走向自动驾驶，围绕这条赛道，有芯片、操作系统、软件、大量的大模型应用，另一条则是智能座舱赛道。

目前，年轻消费者购车时更关注第二条赛道，重视车"好不好玩儿"。所以年轻人占比高、消费能力强的城市，在智能网联汽车的销售以及产业融合发展方面有天然的市场优势。充满活力的市场，能为产业发展提供源源不断的灵感源泉，电子行业、通信行业、互联网行业等非汽车产业的蓬勃发展，将为智能网联汽车产业的发展提供强有力的助推力。

3. 推动智能网联汽车与低空产业融合发展

推动低空经济与汽车产业融合，是当前低空经济最早实现落地的关键。"能飞能开"是汽车与低空产业融合的重要方向。智能网联汽车与低空产业融合的第一步是车机一体，第二步是"能飞能开、单车飞行"。但目前很多城市的低空经济规划，仍以航空航天和无人机为主，相对孤立。

4. 抓住跨界力量发展智能网联汽车

随着更多跨界势力入局造车，汽车产业进入"以用户为中心，带有更强互联网基因"的发展模式，产业发展的思维方式也需要相应改变。包括智能网联汽车在内的未来产业，要用跨界的力量发展汽车，用跨界的思维寻找未来汽车的主导者。

未来真正主导汽车产业的力量，将来自跨界的互联网、ICT、

消费电子等行业。这些新进入者对应"流量、粉丝、迭代、融资"为特点的"新经济模式",一改过去企业发展视"低利润率、高负债率"为洪水猛兽,"挣多少钱花多少钱"的旧观念。投资者更多的是为企业和产业的未来投资,企业靠来自各个产业的融资支付研发等投入,推动整个产业加速发展。为适应这种变化,城市要转变支持产业发展的投融资和营销思维,以全新的发展理念助推智能网联汽车产业增长。

5. 以全域场景发展智能网联汽车新技术、新模式、新业态

当前,智能网联汽车发展最需要的,是全域打通的场景和应用。在完全自动驾驶场景中,智能网联汽车能够链接智慧交通、智慧城市等领域,推动城市发展进入新阶段。打破政府部门限制,进行规制创新,为智能网联汽车、车路云及相关领域的跨界企业提供高质量、全域开放的场景,推动其系统落地和应用,是产业发展的新模式,是城市发展未来产业的新理念,也是摆脱仅依靠传统补贴模式发展产业的新路径。

6. 完善智能网联汽车高度依赖的新型基础设施

基础设施是自动驾驶发展过程中,仅次于场景的第二大影响因素,也是城市端在智能网联汽车发展中的主要竞争点和发力点,哪些城市能够提供大模型供给能力、汇聚更多大数据、提供更多高算力低成本的算力服务、提供更加清洁的能源供给,哪些城市就能吸引一批"三新"(新技术、新产业、新业态)企业落地。

7. 打造智能网联汽车最需要的"软实力"

智能网联汽车发展需要两大"软件"支撑。一是政策创新。在关键环节通过政策和法规创新,以超常规勇气做其他城市不敢做的事情,打造政策高地,抢先形成产业集聚力。二是标准创新。目前智能网联汽车行业最缺乏的是标准，如车规级标准。谁能在汽车领域首先发布标准规范，谁就能代表这个行业的第一阵营，打造智能网联汽车的标准中心。政策创新、标准首发，是汽车行业最需要的"软实力"，也是"首发经济"在汽车行业的体现。

8. 打造智能网联汽车的城市核心平台

打造产业发展平台、影响力平台和创新与供应链平台，使核心平台成为产业发展的"四梁八柱"，让产业不再是沙滩上的工业，才能行稳致远。

在产业发展平台方面，通过政府专业推进团队，自上而下推动产业发展。同时，政府通过打造市场平台，围绕智能网联汽车建立专业的链条式投资基金，以投代招。市场主体、基金平台、一体化的政府决策机制，作为产业发展的三个手段，缺一不可。在影响力平台方面，通过打造"首发经济"，以论坛、赛事、标准等手段，在流量和粉丝时代建立起足够的影响力。在创新与供应链平台方面，通过引进"三新"企业，打造属于地方的创新载体，在全球供应链上搭建地方平台。

9. 创新智能网联汽车新型基础设施投融资机制

要解决"钱从哪里来"的问题，不能完全依靠政府财政或者平台公司的投资来承担全部车路云、"双智"、车联网先导区等建设任务，否则将增加财政负担且不可持续。

在投资建设模式上，可针对投资内容进行分类，由政府或平台公司承担基础设施建设项目，由运营商负责基础网络建设，由社会化融资实现路侧算力和智能化设备建设。在模式设计上，可以借鉴高速公路建设"借钱修路、收费还贷"的成功经验，逐步建立可持续的投融资机制。

第五节　推动智能网联汽车与其他产业融合发展

智能网联已经成为汽车产业发展新的主导性赛道，消费电子、通信产业与汽车的深度融合将成为推动汽车产业智能化变革的重要路径。

一、消费电子、通信产业与汽车产业融合是中国智能网联汽车发展的必由之路

消费电子和通信产业需要依靠汽车智能化实现业务再增长。目前，消费电子和通信产业发展进入瓶颈期，特别是PC、智能手机等典型终端业务不增反减。2024年全球智能手机出货量较2023年有所回升，但较5年前依然下降9.49%（图7-8），拓展进入新的领域和市场，成为此类主体实现业务再增长的重要方式。汽车是产业创新集成器，智能网联汽车能够承接消费电子和通信产业多年积累的精密件设计和加工、软件开发、云计算等技术，是后者"天然"的业务拓展领域，并可为其带来新的业务增长。

汽车产业需要依托消费电子和通信等跨界力量，实现智能化变革。在机械属性基础上，今天的汽车又增加了科技属性和消费属性。现在或未来评价汽车的一个重要指标，就是判断它的技术和产品创新价值，这种新价值体现在产品的智能化水平上，且能够快速迭代。但一些新领域是传统汽车行业不擅长的，它们需要依赖消费电子和通信等跨界力量，将新一代信息技术、大算力、人工智能、新型显示等前沿技术，以及消费电子的研发和制造理念持续应用到汽车产业中，加快汽车智能化的发展。

图7-8　2013—2024年全球智能手机出货量

数据来源：IDC，车百智库研究院整理。

一方面，我国5G、AI、光、电等新技术优势明显，已培育壮大了一批国际领军企业。如截至2024年11月底，我国5G基站总数达419.1万个，位居世界第一（图7-9）。通过与传统汽车产业合作或赋能，消费电子和通信产业将技术"基因"带入汽车领域，加快了智能驾驶、智能座舱等功能的规模化落地。另一方面，借助消费电子和通信产业，智能网联汽车能够更贴近消费者的特性，从而更好利用其全球化市场优势，实现对已有庞大消费群体、广告营销和供应渠道等的再利用，加快智能汽车的渗透。此外，华为、小米等头部跨界企业进入汽车行业，或将再次形成类似特斯拉在电动汽车市场的带动效应，加速智能网联汽车普及（图7-10）。

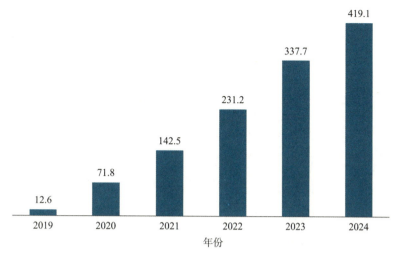

图7-9 2019—2024年11月中国5G基站建设数量（万个）

资料来源：通信业统计公报，车百智库研究院整理。

图7-10 2010—2023年中国新能源汽车销量（万辆）

资料来源：中国汽车工业协会，车百智库研究院整理。

二、融合发展将加速推动中国智能网联汽车产业变革

（1）融合发展将推动汽车产业格局重构。

供应链格局方面，跨界主体从不同环节融入汽车产业，甚至同

一企业能够扮演软、硬零部件供应商和解决方案商等不同角色，使得智能网联汽车价值链中各参与者间的关系变得更加错综复杂，推动汽车供应管理结构从传统的垂直式向网状交叉式转变，形成了更开放的供应链格局。

产业集群方面，多产业融合协同发展使产业链边界变宽，彼此之间联系更加紧密。原有汽车产业集群链条由相互独立向智能软硬件融合转变，促使新的汽车产业集群迅速崛起。例如，在国家重要汽车产业基地安徽省，科大讯飞、京东方等一批领军跨界企业与蔚来、江淮、奇瑞等车企互动，使当地汽车产业成为投融资和高科技聚集高地。

产业生态方面，汽车行业与消费电子、通信行业开始相互渗透，进入"你中有我、我中有你"的深度融合期。这也是中国产业发展的一个独特现象。以手机、车机为例，中国前10位的手机品牌均有汽车业务布局，其中，华为聚焦智能汽车增量环节，以零部件供应、鸿蒙智行、华为智选等不同模式成为新型Tier1。部分车企也进入手机市场，如吉利收购魅族、蔚来打造NIO Phone等（图7-11）。

图7-11 手机和汽车企业跨界布局（部分）

资料来源：车百智库研究院整理。

（2）创新汽车生产方式。

未来汽车的一些功能、产品或由消费电子、通信企业来定义。一定程度上，这会推动汽车行业出现一批巨型生产平台，它们既可以为自己生产零部件，也可以为消费电子、通信企业代工生产整车。产业的分工模式或因此改变，大平台会改变过去以内部化生产为主的生产方式，大幅降低产业整体的生产成本。

（3）推动汽车向快销品转变。

跨界主体为汽车带来大算力芯片、AI大模型等新技术，将成为体现汽车核心竞争力的重要组成部分。这些新技术迭代更新速度很快，将促使汽车行业进入"摩尔时代"，企业推出新车型的时间由过去的3~5年缩短到1年甚至更短。

另外，在互联网C2B（Customer to Business，消费者到企业）模式影响下，如何实时掌握用户需求并及时反馈，将成为企业的核心竞争力之一。在消费电子和通信行业"以用户为中心"的理念影响下，车企开始关注消费者对智能汽车多元化、高不确定性和个性化的需求，并快速做出反应。车企在研、产、供、销、服等汽车全生命周期环节，会更贴近消费者需求。

（4）推动汽车向高价值环节转移。

一方面，传统车企聚焦整车生产制造，处于汽车产业的低价值环节。智能网联汽车时代，车企的焦点将向软件和服务等高附加值环节转移（图7-12）。跨界主体进入汽车行业，将对汽车全价值链各环节进行重构，包括设计端软硬件分离、制造侧专业平台生产、市场侧数字精准营销等，车企能够将精力放在提升用户体验上来，更好把握汽车价值的定义权。

另一方面，正如手机行业非手机售卖的利润占总利润超六成❶，未来，汽车行业总利润的50%以上也将由软件和服务产生。跨界主体进入汽车行业，能够完善车机App应用生态，创新自动驾驶

---

❶ 数据来源于苹果手机自2019年起的财报数据。

共享出行、智慧交通等新服务,加快形成汽车行业"软件和服务订阅付费"的商业闭环,构建汽车行业后端高价值环节商业生态。据预测,到2030年,车端软件应用、无人驾驶出租汽车、无人驾驶货车、车路协同等创新服务,至少可以带动5万亿元的增量产值❶。

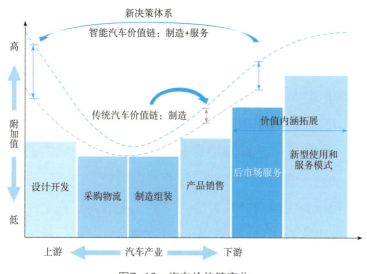

图7-12 汽车价值链变化

资料来源:车百智库研究院整理。

(5)结合智能电动汽车出海和深度融合发展趋势,增强中国汽车行业的国际竞争力。

华为、小米等消费电子、通信领域企业在生产制造、供应链管理、数据合规等方面,积累了丰富的全球化产业基础和发展经验(表7-1),跨界融合发展可以降低车企寻找合作供应商伙伴的周期,加快生产制造和关键供应链的海外布局,完善软件和数据海外合规应用。这些产业还储备了大量有经验的跨国技术、营销和管理等人才,能够为中国汽车出海提供人才助力。

---

❶ 数据来源于国家智能网联汽车创新中心。

中国消费电子企业全球化布局（部分）　　　表7-1

企业	既有领域	开始出海时间	主要市场布局	进入汽车领域
华为	手机、通信	1996年	欧洲、印度、南美洲等	零部件、整车设计、销售渠道
荣耀	手机	2018年	欧洲、印度等	手机车机互融生态
小米	手机	2014年	印度、巴西、东南亚、东欧	车企
OPPO	手机	2008年	东南亚	手机车机互融生态
Vivo	手机	2016年	东南亚、印度	手机车机互融生态
联想	笔记本、服务器	2004年	180个国家和地区	服务器、数字化
中兴	通信	20世纪90年代初期	160个国家和地区	操作系统、芯片
京东方	显示	2003年	19个国家和地区	车载显示
长信科技	ITO导电玻璃、TFT面板减薄业务	2019年	东南亚、东北亚、美国	车载触控模组
瑞声科技	触控、声音、精密制造	2008年	研发中心分布在18个国家和地区	音响、触觉反馈、声音采集
闻泰科技	半导体、光学模组、ODM	2019年	印度尼西亚、马来西亚	半导体、摄像头
富士康	制造	1985年	越南	生产
立讯精密	制造	2013年	德国、越南	生产
阿里云	云计算、工具、服务等	2014年	东南亚	云工具链、智算中心、数据合规等
火山引擎	云计算、工具、服务等	2020年	东南亚、欧洲	云工具链、智算中心、数据合规等

资料来源：企业官网、公开资料，车百智库研究院整理。

三、多产业融合仍存在若干典型问题

（1）不同行业之间的标准不适配。

汽车领域在温度指标、可靠性和一致性方面标准的严格程度，远高于消费电子和通信领域。跨界企业进入汽车领域，面临新技术、新产品与汽车领域原有标准不适配问题（表7-2）。例如，车规级产品温度要求普遍在-40~150℃，远高于消费级产品0~70℃的指标要求。缺少明确的行业标准，让跨界企业产品上车测试、认证难度大，产品进入车企供应链难度大，高新技术进入汽车"最后一公里"形成"堰塞湖"。在产品高标准要求下，叠加整车销量不及消费电子产品的7%[1]，尽管汽车领域相关业务产品单价更高，但跨界企业前期投入大，短期内很难实现盈利，成为其进入汽车行业的一大障碍。

消费级和车规级参数要求对比　　　　　　表7-2

参数要求	消费级	车规级
温度	0~70℃	-40~125℃
湿度	低	0~100%
测试标准	JESD47（Chips） ISO16750（Modules）	AEC-Q100（Chips） ISO26262 IATF16949
出错率	<3%	0
使用寿命	1~3年	15年
供货时间	高至2年	高至30年

资料来源：公开资料，车百智库研究院整理。

（2）跨界新技术应用于汽车需要的长验证周期与市场的快速迭代不适应。

汽车行业多采用V字形开发流程，零部件从采购到整车生产的项目周期约2年左右，并需要通过汽车领域零部件开发的设计验证（Design Verification，DV）、过程验证（Process Verification，PV），验证步骤多达15个。消费电子和通信领域企业多遵循敏捷开

---

[1] 以2022年全球汽车和手机销量估算。

发的迭代方式，技术和产品更新换代频率高。对于不涉及功能安全的跨界新技术来说，开发周期也需要向整车开发周期看齐，过长的适配周期容易造成"技术量产即落后"的窘况，导致用户体验偏离设计初衷，削弱消费者购买欲望。

（3）跨界双方的市场定位差异阻碍深度合作。

不同行业企业对产品的功能、用途等理解不同，双方合作过程中对产品的市场定位存在偏差。对消费者来说，汽车是重要的个人消费品，且更换周期较长，产品定位不清晰将导致新品牌扩张存在阻力。例如华为与赛力斯2021年合作早期，因品牌定位差距大，赛力斯SF5全年销量仅8000多辆。

（4）缺少开放共创的新合作模式。

汽车行业壁垒较高，跨界主体进入过程中，实现了一定程度的开放，但仍存在合作层面利益分配不合理、合作资源不匹配等一系列问题，制约了双方的深度协同合作。例如，华为在汽车领域深耕十年，通过增量零部件、Hi（Huawei inside）模式、智选模式等多轮探索，才实现合作车型的销量突破，并确立车BU独立发展及对外融资的新路线。而对于中小型跨界零部件商，由于缺乏行业影响力，进入汽车行业更显困难。

（5）国外限制措施可能影响跨界企业主营业务，从而制约汽车业务发展。

一方面，国外一系列贸易限制措施可能会给跨界企业带来较大资金压力，甚至对跨界主体的主营业务造成冲击，而跨界企业进入汽车行业需要较大投入，融合进程因此受到制约。例如，以贸易禁令为由，2017年中兴通讯被美国商务部罚款11.92亿美元，导致其2016—2017年研发投入的平均增速不足5%，延缓了新业务拓展。

另一方面，AI训练芯片进口受到限制。科技企业的AI技术向智能驾驶、智能座舱等方面迁移应用时，会面临缺少芯片的局面，短期内减缓了跨界企业的业务推进进程，同时拖慢了汽车智能化功能升级的节奏。

四、加快深度融合发展的建议

（1）构建跨界创新融合平台，加速解决技术应用"最后一公里"的"堰塞湖"问题。

应从战略上建立跨界力量快速进入汽车行业的保障性体系，打通两个领域的中间环节，让跨界企业能够无边际、无障碍地进入汽车领域，支持跨界力量全面参与中国汽车智能化进程。建议行业机构发挥"穿针引线"作用，纵向联合智能网联汽车全产业链上下游领军企业，横向拉通消费电子和通信领域的跨界企业，构建跨行业、跨主体的创新融合平台，帮助两侧加强相互认知、相互握手、相互赋能（表7-3）。

创新融合平台重点工作　　　　　　　　　　表7-3

平台工作	重点内容
跨行业合作机制	组织跨界交流、研讨等方式，加强各行业间合作交流，探索跨界创新融合的发展方向和商业模式
信息共享机制	将车企需求、跨界新技术详情导入平台，形成供需清单，为新孵化技术上车提供对接通道
引导行业规范统一标准	协同开展相关行业标准的制定与推广工作
常态化指数评估机制	对于跨界进入汽车领域的企业，开展与车企的整零关系评估，及时发现行业共性问题，进一步调整供应链战略
风险防范机制	通过制订风险管理计划、开展风险评估、建立风险应对举措等方式，保障跨界汽车创新融合的顺利推进

资料来源：车百智库研究院整理。

（2）加快构建符合跨界特征的智能汽车及相关零部件检测认证机制。

智能汽车兼具高安全、快迭代等特征，需要建立与之相匹配的新型检测认证体系，降低跨界新技术应用于汽车的认证难度。一是在我国汽车产品强制认证基础上，结合消费电子和通信领域产品的3C认证要求，完善汽车行业现有第三方检测机构的检测认证流程和机制。二是推动建立一批能够更好理解、兼顾汽车与跨界领域双边检测认证要求的独立第三方检测机构。

（3）建立汽车行业跨界融合良性发展的环境。

①发挥地方基金、汽车产投资金的引导作用，重点投资消费电子和通信产业链上下游的新技术和新产品在汽车行业的应用，同时吸引跨界资本参与，培育有潜力的跨界企业并促进核心技术装车应用。同时，提防投资过程中贪求"高大上"项目的陷阱，避免一哄而上的重复投资造成资源浪费和行业剧烈波动。

②完善和加强跨领域复合型人才培养。高校侧，需要加强资源共享，加快跨学科人才培养。在主专业课程基础上，设置其他相关专业的部分课程或提供知识获取渠道，并加强与领先企业的交流与合作，加强教学与产业实践相结合的力度，适应产业发展趋势。产业侧，汽车和跨界企业吸收彼此行业的企业人才，从企业内部培养具备跨职位、跨岗位、跨行业的复合型人才，消除行业间认知差异。

③构建开放、多元的合作生态。车企和跨界企业需要依据自身市场定位和企业战略，选择相适应的合作模式。涉及核心竞争力的领域，如自动驾驶算法、交互体验、软件商业生态等与用户强相关的智能化关键技术，双方均可采用全栈自研或合作研发的方式，形成"以我为主"的差异化竞争力。对于大算力芯片、车载操作系统

等关键细分领域，可采用投资的形式，在借鉴、吸收双方优势的基础上，推进增量核心零部件的创新迭代，加强自身核心价值。对于非核心价值领域，可通过直接外采方式，丰富自身供应链生态。

第六节　发展FSD与车路云融合的新方案（C-FSD）

特斯拉车端搭载的FSD技术方案推动智能驾驶由规则驱动进入数据驱动时代，技术和性能得到大幅提升。中国在发展本土单车智能技术的同时，也应充分利用既有设施探索融合单车FSD和车路云的在车端搭载的本土化智能驾驶新方案（C-FSD）。

一、国内构建一套基于车路云一体化、数据驱动的智能驾驶方案很有必要

1. FSD大幅提升单车智能驾驶能力上限和迭代速度，既有车路云体系在智能驾驶领域的功能被进一步弱化

与以往依靠工程师编写代码（手工模式）的智能驾驶方案相比，特斯拉FSD通过训练环节的算力、数据、工具布局，推理环节的端到端全模块神经网络化，真正实现了基于数据驱动的迭代升级（机器模式），其技术上限、迭代速度和拟人化程度均得到指数级提升。在端到端智能驾驶技术趋势下，车端对路端的需求进一步减少，既有车路云方案在智能驾驶领域的作用被弱化，因此，车路云方案需进一步升级以协同单车智能技术发展。

2. FSD并非万能，车路云在提供超视距、遮挡信息及优化整体交通效率方面仍具有不可替代的作用

FSD没有改变车辆感知数据的输入方式，受限于车辆传感器的物理限制，单车视角、感知距离仍存在局限。路端感知信息能够为智能驾驶车辆提供超视距感知、盲区预警、路径规划等全局性感知辅助，为应对复杂路口、突发路况提供支持，也有利于为L3、L4高等级自动驾驶规模化应用提供安全兜底。此外，车路云能够解决单车利己特性导致的拥堵，以系统视角优化交通效率，而且通过路端、云端基础设施的大量投入有助于减少单车智能驾驶研发和设备成本。

3. FSD模式下研发门槛的提升影响中小企业创新活力，我国需要新的产业协同模式推动创新平权

以FSD为代表的数据驱动研发模式下，技术竞争从依靠大规模软件工程师团队变为依靠顶尖AI人才、算力、数据的"稀缺资源型"竞争，企业研发成本和门槛大幅提升。马斯克宣称投入达不到百亿美元量级将无法参与竞争。大多数企业难以负担研发成本，产业将进一步向龙头企业聚集。中小企业丧失主动权，影响产业创新活力。在这种形势下，行业亟须构建新的产业协同方式，以降低中小企业在数据驱动模式下的研发成本。

二、C-FSD是基于单车FSD技术和车路云理念的数据驱动型智能驾驶新方案

1. 与FSD相比，C-FSD增加了路侧数据输入，采用了资源、成果共享的模式

特斯拉FSD引领的端到端和大模型技术已成为智能驾驶发展的

必然趋势。国内企业独立发展很难应对,在充分借鉴FSD技术的基础上,充分利用国内车路云系统化理念,发展中国版FSD(即C-FSD),对实现智能驾驶技术引领创新、基础设施融合赋能十分必要(图7-13)。

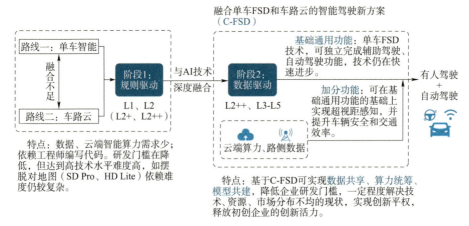

图7-13 融合单车FSD和车路云的智能驾驶新方案(C-FSD)

资料来源:车百智库研究院整理。

技术上,C-FSD的C代表Convergence(融合)、Connected(链接)路侧信息输入,能够更好地应对边缘场景,支持交通效率优化。模式上,C代表Cooperate(合作),相较于FSD依靠自身数据、算力训练模型的模式,C-FSD通过数据共享、算力统筹、模型共建降低了企业研发门槛,可以应对我国汽车产业技术、资源、市场分布不均的现状,实现创新平权,释放初创企业的创新活力。

2. C-FSD是AI时代车路云一体化的重要补充

一是更加适应AI时代,将算力、数据、模型等共性、基础性AI要素纳入基础设施范畴考虑,解决因门槛太高而导致行业创新活力不足的问题;二是更加注重发挥车端的需求引领作用,从智能基础设施引领车端应用,到基于车端及其他需求方牵引智能基础设施建设，回归以应用为主导的发展思路。智能驾驶不同技术路线特点对比见表7-4。

智能驾驶不同技术路线特点对比　　　　　表7-4

类别	FSD	C-FSD
信息输入	车端	车端＋路端
迭代模式	数据驱动	数据驱动
研发模式	企业主导	产业协同
核心要素	数据、算力、模型	数据、算力、模型、路侧设备、云控平台

资料来源：公开资料、麦肯锡，车百智库整理。

总体来看，C-FSD的主要特征是充分借鉴了FSD技术基础和车路云的系统理念，兼收并蓄两条技术路线优势的同时，亦可保障两者独立发展、相互促进，实现智能驾驶技术的持续完善。

三、发展C-FSD面临的挑战

1. C-FSD作为车路云和FSD的结合体，需解决车路云及FSD的既有挑战

车路云方面，一是目前路侧数据的一致性、准确性、覆盖度不足，需要解决建设标准不清晰、区域间标准不统一、既有运营商难以满足运营服务效率、车载终端渗透率和路侧设施覆盖率不足等问题；二是商业模式有待探索，在当前单车智能已形成商业闭环的前提下，如何吸引车企、零部件企业参与C-FSD系统的研发和生态建设，构建可持续商业模式仍面临较大挑战；三是需要探索如何满足车企国际化的目标，解决在国外面临的复杂系统落地难的问题。

FSD方面，主要挑战在于算力和数据成本高昂，单个企业难以承受。以特斯拉FSD为例，2024年底算力规模将达到100 EFLOPS

（相当于30万张A100芯片算力），采购金额约30亿美元。数据方面，FSD累计学习的高质量视频片段在2023年9月已超过1000万个，2024上半年预计超过2000万个，仅采集成本就需要10亿美元左右。加上算力、数据的运维成本，可能需要百亿美元级投入。

2. 实现C-FSD面临一些新的挑战

C-FSD通过共建共享的方式能够降低单个企业在算力、数据方面的门槛，同时也对共享共建的组织方式及商业模式提出很高要求，如何协同好共性技术研发、可持续商业模式及相关标准的统一是成功的关键。一是技术上提出了新的命题，需要建立有异于车端FSD的两端输入式FSD模型架构，并打造配套的模型训练方式（如强化学习）、工具链和算力设施。二是数据共享、算力统筹的商业模式有待探索，如关系到端到端智能驾驶性能上线的基础数据可实现共享，但高质量数据难以形成可持续的共享模式；算力统筹后将会面临运营效率及多方需求难以高效满足的问题。三是现阶段国内智能驾驶传感器配置多，对数据要求较高的端到端智能驾驶训练容易造成数据标准不统一、数据处理难度大等问题。

四、发展C-FSD的路径设想与原则

1. 组织C-FSD技术攻关项目和试点应用

开展关键核心技术攻关项目，统筹规划C-FSD架构、发展路线图和标准体系，搭建行业基础模型，研发配套的模型训练方式、工具链和核心训练芯片等。将C-FSD纳入车路云试点范围，在20个试点城市中筛选拥有核心车企及研发机构、属于或有潜力成为算力枢纽的城市开展C-FSD试点，探索基于C-FSD的具体应用场景，如北京、上海、重庆、武汉、合肥等。

2. 加速建设行业算力平台，探索算力统筹调配方式

借助全国一体化算力体系，构建智能驾驶公共算力平台或联盟，实现智能算力的统筹规划和集中采购，避免AI训练芯片分散而难以有效利用，以及因市场恶意竞价导致的芯片成本过高。在支持行业基础模型训练的基础上灵活调配，支持企业个性化需求，降低中小企业算力使用门槛以保障创新平权。

3. 推动标准化提升数据质量，探索数据共享模式

推动车端、路端感知设备和配置方案标准化，提升数据一致性，探索由电信运营商构建的新型基础设施运营体系，保证智能设备维护质量。完善数据确权、交易相关政策和管理体系，探索以算力、开源基础模型、路侧高质量数据等新型资源使用权交换车企数据，推动数据共享模式"冷启动"，持续探索基于数据的商业模式和分配方式。

4. 在发展C-FSD的同时也支持个别龙头企业发展FSD路线

为避免单一技术路线的风险，打造全球化智能驾驶技术，应在发展C-FSD的同时允许有实力的企业坚持FSD路线。持续探索由C-FSD为FSD路线赋能的方式，如通过路端数据构建场景库来支持FSD路线的测试，以路侧信息服务提升驾驶安全性和交通系统效率等。

第七节　加快推动智能网联汽车立法

近年来，我国智能网联汽车产业发展迅速，相关测试验证、场景应用、商业试运营等进入市场准入关键阶段。由此引发的汽车产业变革、新旧职业转换等社会问题，亟须法律法规予以引领。2015

年以来，国家发布了《中国制造2025》等一系列政策，将智能网联汽车上升到国家战略高度，并提出加快智能网联汽车相关法规体系建设要求。

一、我国智能网联汽车立法的需求及现状

1. 智能网联汽车产业发展进入新阶段，迫切需要法律法规予以规范

当前，我国智能网联汽车产业蓬勃发展。从汽车全生命周期来看，正处于从测试验证、场景应用、商业试运营向市场准入转变的关键阶段；从汽车智能化水平来看，正处于从有人驾驶、辅助驾驶进入有条件或高度自动驾驶发展阶段；从智能网联汽车引发的"网联化"变革来看，正处在由人、车主导的道路交通发展阶段，进入汽车、交通及城市基础设施网联化协同发展的新阶段；从汽车产业生态体系建设来看，智能网联汽车正在引发汽车产业逻辑变革，由单一的汽车产品生态体系建设向充电网络、软件数据增值服务、出行服务平台等多样化综合性生态服务体系建设转变。

产业发展还将带来智能网联汽车由私人交通工具属性转变为营运车辆属性、驾驶员职业的消失与新职业的兴起等变化。基于当前发展阶段，我国智能网联汽车的道路测试与应用、市场准入、社会伦理关系界定、交通运输管理、车辆生产管理、道路交通安全管理等诸多领域，迫切需要在法律法规层面予以规范。

2. 智能网联汽车产业发展受现行法律法规限制，需加快对其修订完善

道路交通安全事故责任主体层面，《中华人民共和国道路交通安全法》以人为主体，以驾驶行为作为归责起点，自动驾驶系统

操作机动车不适用现有规定；产品与功能设计层面，智能网联汽车需要配置前置摄像头、装配自动转向系统等，不符合现行国家强制标准的测量方法与要求；上路行驶资格层面，智能网联汽车被视为"可能危及人体健康和人身、财产安全的工业产品"，不符合《中华人民共和国产品质量法》等相关标准和要求，禁止生产、销售，也无法上路行驶；车辆准入登记层面，智能网联汽车尚未形成国家准入标准，相关产品无法列入国家汽车产品目录，无法准入销售、注册登记。此外，现行部分强制性国家标准、法律法规中不适用于智能网联汽车技术、功能、结构及管理的条款和要求，也需要加快修订完善。

3. 智能网联汽车产业链发展产生新需求，城市需要通过立法鼓励产业发展

智能网联汽车是汽车、电子、信息通信、道路交通运输等行业深度融合的新兴产业形态，产业链在进一步延长和拓宽。产业上游包括感知系统、控制系统、执行系统、高级辅助驾驶系统（ADAS）、定位系统、通信系统、智能驾驶舱系统等；产业中游包括自动驾驶解决方案、自动驾驶测试、载人载物测试、信息安全及测试、虚拟仿真测试等；产业下游包括出行服务、物流服务、数据增值、示范应用、售后服务等。这些对城市智能网联汽车的产业布局和产业链打造提出了新挑战。

二、我国智能网联汽车立法的城市实践

为加强智能网联汽车产业"强链、补链、延链"建设，国内部分城市已经在L3级及以上自动驾驶装备上路的通行和管理、产品准入、车路协同基础设施建设、交通违法与道路交通事故处置等方

面，展开智能网联汽车地方性立法和实践。目前，深圳、上海、无锡、苏州、阳泉、杭州、武汉、北京等城市已开展智能网联汽车地方性立法，因地制宜开展制度创新，为城市智能网联汽车产业布局和产业链建设提供支撑。

1. 立法的积极影响

（1）加快技术推广应用，提升城市治理和智慧化水平。

智能网联车辆的多领域、多场景应用有效带动了车联网、车路协同、大数据、云计算、北斗卫星定位、高精度地图等技术的应用与推广。城市立法为智能网联车辆面向交通出行、城市治理等的创新应用提供了法规保障。如交通出行方面，许可智能网联车辆感知与采集交通数据，能够支撑交通流数据分析，优化交通信号配时，提高道路交通出行效率；城市治理方面，许可智能网联车辆及部署的设施设备实时远程监测城市基础设施，可及时发现设施异常及潜在风险，提高城市基础设施运行效率和安全服务水平。

（2）推动智能网联汽车规模化应用，助力"智慧"城市居民出行。

智能网联汽车正处于示范应用、商业化试运营向规模化应用的发展阶段，政策法规、关键技术、基础设施连续性、智能车载终端装配率、安全防护等是影响规模化应用的主要因素。城市通过立法为企业提供测试、示范、商业化运营的政策环境，能够加速共性关键技术攻关与迭代升级，加快车路协同基础设施建设，加强智能车载终端装配率提升，开展Robotaxi、智能网联公交等智能驾驶应用，最大限度排除人为因素对正常交通秩序的干扰和破坏，提升居民出行的效率和安全水平。

（3）营造产业发展宽松政策环境，加速产业生态集聚。

城市通过立法允许L3级以上智能网联车辆按要求上路行驶，

制定汽车产品准入试行标准，按企业申请搭建车路协同基础设施，明确网络、数据、个人隐私、数据出入境等安全管理要求，构建交通违法与事故责任划分体系并明确法律责任，建立车联网领域创新创业容错机制，鼓励保险企业开发相关服务与产品，行业机构、企业设立风险基金等，为智能网联车辆的研发测试、技术创新、零部件研制、商业化运营等提供宽松政策环境，加速汽车整车厂、电驱动、零部件、数据开发、算力算法等产业链生态企业集聚。

（4）贯彻落实国家发展战略，带动相关产业发展。

智能网联汽车是信息通信、道路交通、人工智能、大数据、云计算等多领域融合发展的重要载体。城市通过立法在车联网等关键技术创新、道路测试、汽车产品准入、登记管理、车辆使用管理、安全防护、交通违法与事故责任认定、车路协同设施建设、汽车产品质量追溯等方面开展实践，既贯彻落实了人工智能、交通强国、数字基础设施、智能汽车等国家发展战略，也加快了我国智能网联车辆标准、智能汽车关键技术、智能汽车产业生态、车路协同基础设施、网络及数据安全保障等体系的形成，促进汽车产品、智能交通出行等产业生态发展。

2. 立法城市的亮点

（1）深圳市：全面覆盖了有条件自动驾驶、高度自动驾驶和完全自动驾驶三种类型。人员及装置配备方面，L3、L4级智能网联汽车应当具备人工驾驶模式和相应装置并配备驾驶员，L5级智能网联汽车可以不具有人工驾驶模式和相应装置，不配备驾驶员。车辆准入方面，制定智能网联汽车产品地方标准，将符合地方标准的L3级及以上智能网联汽车产品列入深圳市智能网联汽车产品目录，并规定列入国家汽车产品目录和深圳智能网联汽车产品目录的智能网联汽车可以在深圳销售、登记。出行安全保障方面，规定智能网联汽车生产者应当为车辆配置自动驾驶模式外部指示灯，智能网联汽车在自动驾驶模式下行驶时应当开启，向道路上的其他车辆和行人发出明显安全提示。交通事故责任划分方面，分为有驾驶员、无驾驶员、车辆存在缺陷三种情况，分别由驾驶员、车辆所有人和管理人、车辆驾驶员或所有人或管理人承担违法和赔偿责任，确实因车辆缺陷造成损害的，可以依法向生产者、销售者请求赔偿。

（2）上海市：无人驾驶装备应用要求方面，道路测试、示范运营活动参照无驾驶员智能网联汽车的有关规定执行，道路行驶参照适用有关非机动车的通行规定。安全保障方面，企业层面配备远程监控系统和紧急接管人员、购买强制和商业保险、提高风险保障水平，政府层面鼓励相关行业组织和企业设立风险基金。商业化运营方面，可利用无驾驶员智能网联汽车从事示范运营活动并收费，依法纳入政府定价范围的收费实行政府定价或政府指导价，其他收费实行市场调节价，且要在运营方案中载明。

（3）无锡市：车路协同基础设施方面，首次将车路协同基础设施纳入新建、改建、扩建道路建设工程，与道路主体工程同时设计、同时施工、同时投入使用，并制定车联网基础设施维护规则，保障车联网功能安全、稳定、高效运行。车联网应用方面，强调在示范应用基础上，推进车联网技术和产品全域应用，鼓励和支持车联网及智能网联汽车在智慧交通、城市管理、行业服务等领域的率先应用，且鼓励市场主体使用智能网联汽车开展商业运营活动，并要求政府及其有关部门率先在城市管理领域应用智能网联汽车。技术创新驱动方面，采取多种措施推动车联网领域技术创新，推进关键核心技术攻关，提升市场主体研发能力，加强技术研究和成果转化。安全监管方面，鼓励和支持科研院所、高等学校、企业加快车联网安全技术和产品研发，构建车联网安全体系，建立集态势感知、风险预警、应急处置和联动指挥于一体的网络安全支撑平台。资金保障方面，设置车联网发展资金和产业专项资金，建立多元化的投融资机制，鼓励开发适应车联网产业发展的金融产品和保险产品，设立社会风险基金。人才保障方面，强化车联网领域公共服务平台建设，建立和完善人才引进、评价与激励机制和车联网领域创新创业容错机制。

（4）苏州市：基础设施统筹建设方面，围绕测试应用、商业化运营统筹智能车联网基础设施建设，扩大道路测试和示范应用区域，探索商业化运营试点。智能网联汽车应用方面，政府和相关部门要率先应用，明确市、县级市（区）政府及其部门推进智能车联网产品和服务在公共交通、交通管控、智慧停车、道路管养、环卫作业、无人安防等城市管理领域的应用。管理机制方面，建立健全智能车联网安全保障体系，从智能车联网相关产品的生产、销售、使用等环节压实企业主体责任。产业发展方面，构建完善智能车联网产业发展促进体系，围绕智能车联网产业发展全链条和各环节，丰富产业发展要素，促进产业有序发展。

（5）阳泉市：明确了智能网联汽车可以开展商业化运营，规定使用智能网联汽车从事道路运输经营活动可以根据有关规定收取相关费用。明确了实行测试互认，智能网联汽车已经在其他省、市进行道路测试，取得准入和测试牌照，经省、市人民政府相关主管部门确认，准予在阳泉市具备支撑自动驾驶及网联功能实现的行政区域内进行道路测试。明确了商业化落地目标导向，规定了相关主体从道路测试升级为示范应用、示范运营和商业化运营的条件和要求，在不违反相关上位法规定的前提下，为推动智能网联汽车商业化运营的平稳过渡和健康发展提供了引领保障。

（6）杭州市：明确市人民政府建立监督管理联合工作机制，按照分级管理原则，从低风险到高风险、从简单类型到复杂类型规范智能网联汽车和低速无人车道路测试、创新应用活动具体流程，具体包括管理机制、申请条件、审查流程、行为规范、监管要求和退出机制等六方面内容。规定低速无人车应当在非机动车道内行驶，通过地方性法规赋予低速无人车路权。在全国率先探索商业化模式，明确在创新应用过程中向不特定对象收取费用的，应用主体应当提前7日向社会公布有关计费规则。

（7）武汉市：支持以科技创新推动智能网联汽车产业发展和创新应用，推动智能网联汽车由交通工具向移动智能终端、储能单元和数字空间转变，推动汽车、能源、交通、信息通信、人工智能等多领域融合创新发展。武汉市人民政府统筹车路云一体化建设，制定并组织实施通信设施、感知设施、计算设施等智能网联汽车基础设施建设规划，推进智能网联汽车基础设施建设与智慧城市基础设施建设衔接融合。推进道路数字化、智能化升级改造，建立健全可持续的智能网联汽车基础设施投资建设和运营维护模式。鼓励和支持社会力量参与智能网联汽车基础设施投资、建设、运营和维护。依托国家智能网联汽车（武汉）测试示范区车城网平台，建设全市统一的智能网联汽车数据管理服务平台，依法采集、管理和利用智能网联汽车运行数据。建立健全智能网联汽车安全保障体系，加强车辆运行、应用服务、网络、数据和个人信息等安全管理和保护。

（8）北京市：支持自动驾驶汽车用于个人乘用车、城市公共汽电车、出租汽车、城市运行保障等出行服务，自动驾驶车辆经过道路测试、示范应用、安全评估等程序后，可申请开展道路应用试点。相关部门将根据本市道路承载能力等实际情况，分阶段、按区域开放重点应用场景，确定相关应用场景车辆的总量，制订并组织实施相关场景落地计划。鼓励支持自动驾驶汽车技术创新和产业发展，推动完善自动驾驶汽车创新链和产业链，支持开展相关基础研究、应用研究，推进关键核心技术攻关，鼓励自动驾驶汽车产业链各类参与主体建立数据开发利用的合作机制，开发数据服务产品，提供市场化、社会化的应用和服务。

3. 立法仍存不足

（1）城市立法的经验和理论积累不足。

城市立法的经验和理论积累主要来源于车联网先导区试点、智能网联汽车与智慧城市基础设施协同发展试点、智能网联汽车测试示范试点、智能网联相关产业技术与产品发展等相关实践。截至目前，只有无锡等极少数城市实现了全域红绿灯网联化改造和开放，初步实现道路交叉口信号灯配时信息播报等"专而精"的智能网联应用，深圳等10余个城市仍保持在特定区域开展Robotaxi、智能网联公交等场景示范与运营。据统计，武汉市投放的Robotaxi数量最大，超过500辆，但占比不足全市机动车保有量的1%。由此可以看出，当前城市实践（含试点）呈智能化基础设施范围有限、应用车辆少、数据量规模小、管理经验积累慢等特征，造成城市立法的样本量、实践经验和理论不足。

（2）城市立法具体对象、主要内容及开放程度等不统一。

结合自身产业、资源优势，城市针对智能网联车辆（包括智能网联汽车和功能型无人车）立法有所不同。立法对象方面，深圳、上海、杭州、武汉面向智能网联车辆，其中考虑到华为、阿里、东风等企业产品需求。深圳、苏州、杭州立法对象包括L4级功能型无人驾驶汽车，而无锡、苏州面向智能车联网（含智能网联汽车）。主要内容方面，除了道路测试、示范应用、商业运营相关活动及管理之外，深圳还面向智能网联汽车全生命周期的准入登记、网络安全及数据保护、交通违法及事故责任认定、法律责任等。无锡、苏州还提到智能车联网产业发展和安全保障。开放程度方面，除各城市明确划定的路段、区域以外，上海、无锡、苏州、杭州还包括模拟仿真测试道路，杭州还包含封闭、半封闭区域内非机动车道，特定区域特定路线非机动车道。部分城市智能网联汽车相关政策条例见表7-5。

部分城市智能网联汽车相关政策条例　　　　　表7-5

城市	政策名称	实施时间
深圳	《深圳经济特区智能网联汽车管理条例》	2022年8月1日
上海	《上海市浦东新区促进无驾驶人智能网联汽车创新应用规定》	2023年2月1日
无锡	《无锡市车联网发展促进条例》	2023年3月1日
苏州	《苏州市智能车联网发展促进条例》	2023年12月1日
阳泉	《阳泉市智能网联汽车管理办法》	2024年1月1日
杭州	《杭州市智能网联车辆测试与应用促进条例》	2024年5月1日
武汉	《武汉市智能网联汽车发展促进条例》	2025年3月1日
北京	《北京市自动驾驶汽车条例》	2025年4月1日

资料来源：车百智库研究院整理。

（3）城市因地制宜开展制度创新差异较大。

驾驶员配备方面，上海浦东制定了无人驾驶智能网联汽车上路通行的专门规定，北京、深圳等对不配备车内驾驶员的智能网联汽车上路通行做出规定。商业化运营方面，北京、上海浦东等地已经允许试点主体进行商业化运营和收费管理，并对收费标准做出规定。无驾驶员智能网联汽车应用方面，北京、上海发布无驾驶员自动驾驶装备应用管理办法，尝试将智能网联乘用车、无人配送车纳入自动驾驶规范体系。上路通行和管理规定方面，江苏规定无人配送、无人清扫等无人驾驶装备上路行驶参照适用道路交通安全法律、法规有关非机动车的通行规定。车路协同基础设施建设方面，深圳、上海、无锡、苏州、杭州规定统筹规划、协调推动建设车路协同基础设施,其中无锡首次将车路协同基础设施纳入道路工程范畴。

(4)城市立法依据的相关标准各不相同。

深圳制定了自动驾驶系统设计运行条件、自动驾驶系统技术要求、汽车软件升级技术要求等10项地方标准;北京制定了无人配送车产品要求、无人配送车封闭测试场技术要求等试行标准;上海配套制定了智能网联汽车测试数据采集要求等地方标准,沿用车辆技术性能、车辆外廓尺寸、轴荷及质量、车辆安全性能等国家现行标准;无锡配套制定了路侧智能化设备、汽车网关、电子控制单元、车用安全芯片、车载计算平台等地方标准;苏州配套制定了云控基础平台、功能型无人车运营管理、智能网联路口等多项地方标准;杭州配套制定了智能网联车辆产品标准,遵循国家和行业相关标准规范。

总的来说,各城市立法的标准依据差异较大,城市立法内容难以互通,立法的适用范围受到限制。

三、推动我国智能网联汽车立法的建议

鉴于城市立法的有限适用性与汽车产品全国乃至全球通用性之间的矛盾,建议国家从智能网联汽车现有法规框架着手,加强多部门协同支撑,开展国家层面立法试点,重构智能网联汽车国家标准体系,逐步探索智能网联汽车国家立法。

1. 立法部门构建智能网联汽车法规框架

鉴于智能网联汽车与现行法律法规适用性问题,如产品质量责任、交通事故及责任认定、保险品种创设等重要问题,建议国家立

法部门围绕智能网联汽车全生命周期重构智能网联汽车法律法规框架，一方面加快《中华人民共和国道路交通安全法》等法律法规的修订和发布，减少或消除现有法律法规对智能网联汽车发展的阻碍；另一方面，重点解决智能网联汽车立法存在的高级辅助驾驶系统（ADAS）、智能网联汽车测试评价、车路协同基础设施测试评价等法规漏项问题，待条件成熟时再正式制定具体法律。

2. 相关部门支持智能网联汽车创新发展

智能网联汽车是全球汽车产业发展的重要方向，为抢占智能网联汽车产业转型升级制高点，解决现有城市立法固有缺陷，建议国家发展改革委围绕智能网联汽车领域的国家目标、技术瓶颈、重大战略产品等，设定国家科技重大专项并借助国家级试点进行验证，财政部配套设施建设、系统开发、技术攻关等专项资金，交通运输部、住房和城乡建设部、自然资源部等部门提供基础设施建设、高精度地图审核等支持，共同支撑我国智能网联汽车产业发展。

3. 国家部委开展智能网联汽车立法试点

基于城市道路测试、应用试点示范和地方立法实践，建议智能网联汽车准入和上路通行等国家管理部门联合试点，开展国家层面智能网联汽车相关立法先行先试，探索智能网联汽车发展过程中诸多法律法规问题与挑战的解决路径，如车辆不能登记上牌、不能入市销售、不能运营收费、缺乏保险或基金保障、交通事故责任难以认定、网络安全和数据保护缺乏监管等，妥善处理汽车产业、车路协同基础设施、共性关键技术、智能化设备设施之间的发展关系。

4. 行业机构健全智能网联汽车标准体系

基于《国家车联网产业标准体系建设指南》《智能网联汽车技术路线图3.0》等相关指导意见，以及城市立法配套地方性标准，结合车、路、城端标准化建设需求，建议行业协会/学会、标准委员会、部委标准部门等,共同构建或优化智能网联汽车标准体系,制修订车路协同系统标准、设施标准、技术标准、产品标准、服务标准、应用标准等,并结合智能网联汽车准入和上路通行、车路云一体化等国家级试点进行技术验证和迭代升级,进一步推动形成智能网联汽车中国标准。

第八节　构建空天地一体化智能网联服务

当前,依托5G与C-V2X的结合,新一代5G-A技术、通感算一体、云网融合以及卫星互联网不断成熟,智能交通系统通信网络从局部地面通信,拓展到广域网联应用,为地面与空中构建全面一体化交通网络打下基础。

一、空天地一体化的进展及趋势

空天地一体化网络是将原本独立的地面网络、空基网络和天基网络进行有机融合(图7-14),不同网络间有各自的应用特点(表7-6)。传统通信网络主要依赖于地面基站,其覆盖范围有限,且易受地形、建筑等因素的影响;空中网络尽管在低延迟和大范围覆盖方面有优势,但是其容量有限且链路不稳定。

实现空天地一体化,充分利用不同网络在不同空间维度上的优势,建立可靠、灵活、高效的融合网络架构。随着新场景、新需求的出现,天基网络、空基网络与地基网络正朝着不断融合的趋势进行演进,将实现人联与物联、近域与广域、空天与地面的全面连接,为用户提供泛在的通信服务。

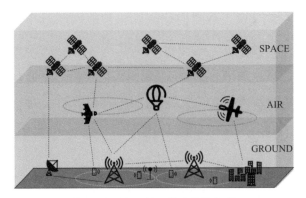

图7-14 空天地一体化网络架构

资料来源：F Tang,et al. A Deep Reinforcement Learning-Based Dynamic Traffic Offloading in Space-Air-Ground Integrated Networks (SAGIN),2021。

空天地网络对比概览　　　　　　　　　　　　　　表7-6

网络分区	内容	地面高度 (km)	延迟	传输速率	优势	劣势
空基网络 (SPACE)	高轨	35786	≈270ms	最低	覆盖广，广播/多播	传播延迟，容量有限，高移动性
	中轨	2000~35786	70~80ms	>1.2Gbps		
	低轨	160~2000	5~10ms	>3.75Gbps		
天基网络 (AIR)	飞艇、气球、无人机	17~30 (HAP) <10 (LAP)	一般	高数据传输率	覆盖面广，低成本，灵活部署	容量少，链接不稳定，高移动性
地面网络 (GROUND)	蜂窝网络、点对点、WiMAX、WLAN	—	极低	高数据传输率	资源丰富，高吞吐率	覆盖有限，应急救灾无法使用

资料来源：Liu J, Shi Y, Fadlullah Z M, et al. Space-air-ground integrated network: A survey[J]. IEEE Communications Surveys & Tutorials, 2018，车百智库研究院整理。

建设空天地一体化网络。空天地一体化网络需要深度融合空基网络、天基网络、地基网络，实现广域全覆盖和无线网络的互联互通。近十年，各企业加快网络间融合发展，3GPP等标准组织针对卫星通信进行时频同步和移动性等研究，制订了一系列解决方案，逐步推进地面网络和卫星网络形成深度融合。

地面移动通信方面，5G网络已经启动地基网络与非地基网络融合项目，对星地融合服务需求、网络架构、空口协议、切换算法等进行了初步研究和探讨。2023年，ITU-R也正式发布6G典型应用场景❶，在5G三大应用场景基础上进一步向沉浸式通信、极高可靠、低时延通信和超大规模连接演进，还将基于通感算智多要素融合支持AI与通信融合、通感一体、泛在连接三大新场景，实现超越连接的新一代信息服务网络。2024年，5G-A作为5G向6G代际演进的过渡阶段，已经开始引入以上新要素能力。

低轨卫星网络方面，美国星链和英国一网已经形成全球组网，中国也在积极构建自主可控的低轨卫星通信网络。

构建空天地一体化的智能交通和万物互联系统。空天地一体化车联网体系架构推动地面与空中无缝衔接的智能出行需求，随着汽车和交通智能化进程加快，特别是在自动驾驶、低空出行、智慧物流、远程控制和无人机配送等场景中，全空间的高速低延迟通信成为必要保障。

传统高轨卫星、新兴低轨卫星的卫星中继模式、专用终端直连模式以及面向应急场景的手机直连，是目前主要的发展方向，手机端已实现的卫星通信功能，也将逐步在汽车上实现。

自动驾驶方面，5G-A技术已开始在中国、中东、德国等国家和地区投入使用。2023年杭州亚运会期间，率先使用了5G-Advanced移动通信技术，全面部署智能网联汽车、智能场馆管理、高清沉浸看亚运等应用。吉利计划在2025年完成72颗卫星的发射和组网部署，吉利银河E8、极氪001FR已经接入该卫星通信。比亚迪仰望U8

---

❶ 6G网络将是一个地面无线与卫星通信集成的全链接世界，2030年左右，6G将在中国实现商用。相较于5G，6G传输速率是其50倍，时延缩短1/10，其他指标也表现更好。

越野款实现高轨卫星通信上车，以保障汽车永不失联。天基网络通信方面，仰望U8车顶配备无人机，除了可以进行航拍和探索路况等传统功能外，还具有通信作用，即在无网络或无信号情况下，可以作为移动基站使用。

低空出行和运输方面，2023年亚运会期间，中国移动结合无人机物流配送、外卖送餐、飞行表演等业务，在试点航线核心区完成了全球首个5G-A通感一体收发融合的基站低空外场连片部署。厦门移动携手华为采用5G-A通感一体技术率先完成了低空多站连续组网的能力验证，基于4.9GHz频段实现了对城市低空120m下，多无人驾驶飞行器的探测与及时预警。

二、空天地一体化规模化应用面临的主要挑战

构建无缝切换和不断升级的异构网络较为困难。天基、空基和地基网络具有各自的移动特性，导致空天地一体化网络具有独特的"多移动"特性，使其相对于地基网络移动特性更复杂、动态性更高，更难以预测，难以提供高效连贯的服务保障。

空基网络和天基网络是异构网络，不同终端难以在不同网络中实现随遇接入。虽然空天地一体化融合组网的研究已开展20余年，但是现阶段融合组网距离消除通信盲区、广域万物智联的融合组网，仍存在基于专用硬件的融合组网功能升级困难、三维广域空间带来的活动基站选址困难、多样化业务的差异化服务保障困难。

基于专用硬件的融合组网功能升级方面，空天地各网络的网元设备（如基带处理设备、路由交换机、负载均衡设备等）通常基于专用硬件实现，网元功能与专用硬件高度耦合，面向融合组网层出不穷的新功能（如边缘核心网等），都需重新设计实现相关网元。

通过命令行、网管系统等手动或者半手动地更新替换网元功能，难度高、耗时长。

融合网络匹配时效性需求仍困难。复杂环境下的多尺度信息感知和计算在卫星终端通信架构中存在多种类型的网络实体，如卫星、飞船、无人机、宏基站、微基站，甚至是海洋中物联网传感器的汇聚节点，不同的节点能感知不同数据量。它还需要在复杂环境下考虑如何统一整合数据、是否方便海量数据处理、计算层次如何部署、海量数据处理如何匹配、时效性要求如何满足等一系列数据融合、计算和数据挖掘的问题。另外，空天地一体化网络中资源的动态性和服务的不确定性，使得传统方法不适用于对效率和响应速度需求较高的决策任务。

同时，汽车在行驶过程中，若存在切换网络，会使连接质量下降，甚至导致通信中断，进而造成业务中断，有可能引起物理安全问题；以及不同设备感知到同一交通参与者后，如何进一步处理"感知重影"问题。

缺少适用各行业的地空融合的通信协议标准。在通信协议标准发展的过程中，卫星通信协议标准与地面移动通信协议标准互相独立发展，相比于地面通信系统的标准化工作，卫星通信系统的标准化工作面向专业领域，适用范围仍较小。

目前还没有一个统一的系统能够适应下一代通信网络中出现的所有场景。3GPP的6G规范标准仍在制定中，2024年中国信息通信研究院也正在开展车载卫星互联网应用场景和标准的制定工作。

汽车网联发展滞后于通信技术代际演进，且不满足当前应用需求。全球移动通信每十年一个代际，当前向6G演进，并计划2030年商用。其中手机移动通信5G渗透率已超过九成，但乘用车4G的渗透率刚达七成，5G的渗透率仅为10.7%[1]，按照当前装车进展，装车的网联模组会落后于通信行业发展一个代际，且当前车端移动通信无法满足自动驾驶等新领域应用。

三、加快空天地一体化发展的建议

（1）加快建设自主可控的空天地基础设施和产业链。

通过商业航天等新模式，加快构建自主可控的低轨卫星网络，逐步实现从国内延伸到亚太以及全球的通信网络和应用，并围绕新的通信网络形成空间、地面和应用的产业链和集群。

（2）在适应新应用场景、兼容既有网络体系的基础上，设计新的网络体系。

以"低空+地面"的新应用场景驱动发展。在"低空+地面"结合新通信网络，形成典型应用场景，同时覆盖汽车行业的研产供销服各环节。移动通信方面，结合通信行业2030年商业化目标，形成汽车和交通行业的典型案例，带动车外远距离通信进一步发展，使汽车成为万物互联的重要组成部分。

（3）借鉴地面基站产业发展的技术积累和产业基础。

地面承载网成熟标准体系凭借先进技术优势和广泛应用验证，有望实现空间承载网的迁移应用，构建基于统一技术体制的空天地一体化融合承载网，设计适用于空天地融合场景的网络协议体系。

（4）加快空天地一体化技术突破。

加快建立具备可拓展性的网络体系架构。为解决空地多网系统功能部署、大尺度异构网络分布式互联互通等问题，需要提出大时

---

[1] 数据来源于2024年世界智能网联汽车大会华为发言。

空尺度异构网络自适应融合的网络体系架构,利用网络内生智能,实现不同类型网络智能动态的自聚合能力,自适应地满足多样化场景及业务需求。

(5)使用新兴技术提升不同网络间的可拓展性。

将空天地一体化网络由基于连接的模型转化为基于服务的模型,具有极高的服务自定义和自适应能力,从而实现按需分配资源。

(6)通过星间链路实现天基网络的空间连通。

天地一体化信息网络将利用星间链路实现天基信息网络在空间的连通,在卫星节点上配置具有信号处理和路由交换能力的载荷,使天基网络减少对地面设施的依赖。这样既增强自主运行的能力,又只需在地面布设少量的地面关口站,即可实现全球无缝覆盖。

第九节:打造聚合型智能产业 推进智能汽车、低空出行、人形机器人产业融合发展

近年来,随着人工智能技术的快速发展与应用,智能汽车、低空出行、人形机器人等产业已成为人工智能应用的重要载体。由于感知、决策及控制等环节的技术同源和底层相通,通过智能汽车零部件的规模化应用赋能低空出行和人形机器人产业成为行业共识。本节分析了聚合型智能产业发展现状并提出发展建议。

一、智能汽车、人形机器人、低空出行正加速融合为聚合型智能产业,可能成为第四次工业革命的标志性产业

每一次工业革命都有标志性的技术和相应的产业。第一次工业

革命的标志性技术是蒸汽机，机器开始代替手工劳动，纺织业引入纺织机快速发展，蒸汽火车逐渐替代马车。第二次工业革命的标志性技术是电力技术和内燃机，电气和燃油广泛使用，形成了现代汽车产业和家电产业。第三次工业革命的标志性技术是计算机、原子能，带动电子信息产业的蓬勃发展。正在进行的第四次工业革命以人工智能、新能源为标志性技术，智能汽车、人形机器人、低空出行等广泛应用AI无人控制技术，新型能源形式的智能产业成为标志性产业。

智能汽车、人形机器人、低空出行呈现加速融合态势。汽车整车或零部件企业正在通过投资、联合研发、自主研发、孵化子公司等多种形式，进入人形机器人和低空出行领域。

例如丰田投资的Joby已成为市值最高的飞行汽车企业，小鹏汇天、吉利沃飞长空等进入小规模量产阶段，特斯拉计划2025年生产数千台人形机器人Optimus用于汽车产线，现代汽车通过收购波士顿动力进入人形机器人领域，比亚迪、上汽投资的智元机器人累计量产突破1000台（含轮式机器人）。三个过去独自发展的新型产业呈现出加速融合态势，有望形成聚合型智能产业。全球主要飞行汽车公司与跨界参与方见表7-7。

全球主要飞行汽车公司与跨界参与方　　表7-7

国家	企业名称	跨界行业	参与企业
美国	Joby	汽车	丰田汽车
	Archer	汽车、物流	Stellantis集团、UPS
	Wisk	航空	波音
	Overair	—	军用项目
	Alef Aeronautics	航天	SpaceX
	Beta	ICT	亚马逊

续上表

国家	企业名称	跨界行业	参与企业
法国	Airbus	航空	空中客车
英国	Vertical	—	—
日本	Skydrive	汽车	铃木
韩国	Supernal	汽车	现代集团
中国	沃飞长空	汽车	吉利集团
	峰飞航空	汽车	宁德时代
	亿航智能	汽车	英博尔
	零重力	ICT	联想
	小鹏汇天	汽车	小鹏汽车
	GOVE	汽车	广汽

资料来源：公开资料，车百智库研究院整理。

全球主要具身智能公司与跨界参与方见表7-8。

全球主要具身智能公司与跨界参与方　　　　　　表7-8

公司名称	合作公司	合作类型
Figure.ai	宝马	汽车
特斯拉	特斯拉	汽车
波士顿动力	现代集团	汽车（收购）
Agility Robotics	舍弗勒、亚马逊	汽车、物流
Sanctuary AI	麦格纳	汽车
Apptronik	奔驰	汽车
1X	OpenAI	IT
Mentree Robotics	Mobileye 团队	汽车
波士顿动力	现代、丰田	汽车
智元机器人	比亚迪、上汽	汽车
宇树科技	卧龙电驱	汽车
傅里叶智能	科研院校	科研
优必选	比亚迪、蔚来、东风柳汽、一汽大众、极氪	汽车

续上表

公司名称	合作公司	合作类型
乐聚机器人	蔚来、江苏宁沪通集团	汽车
银河通用机器人	上汽、奔驰、极氪	汽车
帕西尼	北汽产投	汽车

资料来源：公开资料，车百智库研究院整理。

二、技术同源、供应链可复用是智能汽车、低空出行、人形机器人产业融合发展的基本条件和动力

智能汽车、飞行汽车与人形机器人在移动控制、人机交互、能源动力、轻质材料等关键领域底层技术相通。移动控制方面，三者均属于多模态大模型与具身智能可以赋能的物理系统，自动驾驶端到端算法模型和感知、决策、控制硬件可以通过降维、升维应用于人形机器人和低空出行。例如特斯拉Optimus机器人采用与电动汽车相似的"感知-决策-执行"架构，并采用了和全自动驾驶（Full-Self Driving，FSD）同样的端到端神经网络训练和FSD芯片。人机交互方面，语音识别、手势控制、虚拟助手等人机交互技术设计理念和成果也能共享、迁移。例如汽车领域的智能座舱相关技术可能会迁移到低空飞行器中，语音识别同样是人形机器人控制的重要技术基础。能源动力方面，电池、电机、电控技术成为三者共同的底层技术，电动航空和电动汽车的三电相似性可达80%~90%，以固态电池为代表的高能量密度特性的新型电池技术，也是三个领域高度关注且正在努力突破的技术。轻质材料方面，智能汽车和低空出行共用碳纤维、钛合金、镁铝合金等材料。

三者技术可以相互促进。一是摊薄共性技术研发成本。智能汽车领域完善的技术研发体系、人员可向人形机器人、飞行汽车领域

迁移，且算力基础设施可以错峰共用，获取的数据可部分复用。二是技术细节和要求不同，各自的"长板"可相互赋能。例如智能驾驶与其他交通主体博弈的经验丰富，为低空出行规模化量产后处理与其他飞行器之间的博弈提供经验借鉴；低空飞行三电系统的环境适应性和可靠性要求更高、决策系统自由度更高，能够为智能汽车解决恶劣环境下适应问题提供借鉴；人形机器人对于人体动力学建模的要求更高，可促进自动驾驶更好地理解行人行为等。

供应链方面，智能汽车、飞行汽车与人形机器人供应链和生产工艺可复用。供应链方面，智能汽车供应商正在快速进入飞行汽车和人形机器人领域。例如宁德时代向峰飞航空投资数亿美元共同开展航空电池研发，英伟达Orin、Thor系列芯片既是智能驾驶芯片，也可用于人形机器人；汽车激光雷达企业速腾聚创也发布了人形机器人解决方案，汽车操作系统企业普华基础软件正在打造符合《机载系统设备合格审定中的软件考虑》（DO178-B）A级的操作系统和板级支持包（Board Support Package，BSP）软件等。工艺方面，智能汽车积累的数控加工、激光切割、精密装配等制造技术及生产工艺通过调整、优化，迁移到飞行汽车和人形机器人领域。例如，非关键部件的冲压成型、焊接、涂装工艺可复用于飞行汽车，基础金属材料加工、塑型、集成装配等工艺可复用于人形机器人领域等。智能汽车具备的规模化量产经验和大规模生产管理体系，能够推动低空飞行器、人形机器人产业大规模降本。

三、发展聚合型智能产业可形成更丰富的业务场景与商业模式

将三个产业各自孤立或独立运行的技术进行聚合和叠加应用，

能够解决过去靠单一技术很难理想化解决的问题，从而形成更丰富的业务场景和更有吸引力的商业模式。

交通领域，很多车企通过产品端改造、不同产品的链接打造飞行汽车产品，以"智能汽车+飞行器"的形式在单一产品上实现"立体式智能出行"，大幅提升交通效率和出行体验。未来比较常见的应用场景可能包括："城市内智能驾驶+城际高速度智能飞行"实现"跨城市通勤"；"常规地形陆地通行+障碍地形空中通行"实现"直线通行"；"景区点到点智能驾驶+智能飞行"实现"智能立体式观景"等。

工业、服务领域，通过在同一个空间领域聚合应用"智能驾驶+人形机器人"，可以同时实现运输环节的无人化和作业环节的无人化，真正形成"全无人"环境，从而提高生产效率，减少恶劣危险环境对人带来的危害。未来比较常见的应用场景可能包括："无人矿车+人形机器人"实现矿山无人作业；"无人救援车+人形机器人+无人飞行器"实现灾后立体救援等。

四、加快构建支撑聚合型智能产业的共性技术和服务体系

完善低空和人形机器人管理体系。智能汽车、低空飞行器、人形机器人，均具备"智能联网产品+大众消费品+精密工业品"的特点，建议借鉴辅助驾驶、高等级自动驾驶领域的实践经验，打造准入、商业化、信息数据安全、零部件管理、消费者培训保护等方面的法规、政策、标准、监管体系。

组建聚合型智能产业委员会。推动三大产业相互融合、相互赋能，建立聚合性智能产业会议平台、研究平台和服务平台，研究制定智能型聚合产业融合发展规划，研究解决共性问题，推动监管、

标准、政策、法规协同。

构建支撑聚合型智能产业发展的共性基础设施。聚合型智能产业技术同源、底层相通，在基础设施方面具有共通性，尤其在算力、算法、数据方面，三大产业都需要采集大量数据、利用大算力中心以迭代大模型算法。因此，国家和城市在规划城市算力中心、训练数据集、仿真环境和系统时，要充分考虑低空出行、人形机器人领域的需求，通过系统性规划共性基础设施，避免重复建设。

协同攻关聚合型产业关键技术。当前，聚合型智能产业仍处于快速发展阶段，产业格局尚未形成稳定局面，技术路线、新型技术仍有很大发展空间，要加强对高性能感知、决策、控制、通信技术，航空级高能量密度、高功率密度动力蓄电池，航电系统、飞控系统，高精度电机、减速器、传感器、轴承等关键技术和零部件的研发与产业化应用，通过开拓应用场景实现智能汽车既有产业链的技术跃升和规模化应用。

推动聚合型智能产业的融合示范应用。产业发展初期，示范试点是推动技术成熟、实现产业化的必要条件。要更好推动低空出行、人形机器人等新兴领域的融合示范应用，如低空医疗救援、道路救援、定点航线出行、森林灭火、地质探测，以及人形机器人在工业制造、物流搬运、家庭服务等领域的应用等（图7-15）。

组合应用形成更广泛的价值		
立体式智能交通：提升交通效率、创造出行新体验		
 陆地交通	 空中交通	·远途通勤 ·特色旅游 ·跨越阻隔
"全无人"模式：解放恶劣、危险环境人力工作		
 交通运输无人化	 作业无人化	·无人矿山作业 ·无人火灾救援 ·无人地震救援
相互带动：汽车为人形机器人提供最早的规模落地场景		
		·高标准化产品要求 ·高自动化生产环境 ·精密装配未实现自动化

特斯拉Optimus、优必选Walker S、小鹏汽车、智元机器人等均以汽车工厂作为早期落地场景

图7-15 应用聚合创造更广泛的商业和社会价值

资料来源：车百智库研究院整理。

参考文献

[1] 中国电动汽车百人会，中国中检中国汽车工程研究院股份有限公司，中国信息通信研究院，等. 车城融合发展报告 [R]. 北京：中国电动汽车百人会，2023.

[2] 车百智库. 车路城协同体系发展模式及路径 [R]. 北京：中国电动汽车百人会，2023.

[3] 车百智库，智能汽车与智慧城市协同发展联盟，华为，等. 新一代车路协同产业发展报告 [R]. 北京：中国电动汽车百人会，2021.

[4] 赵福全，刘宗巍，郝瀚，等. 汽车产业变革的特征、趋势与机遇 [J]. 汽车安全与节能学报，2018,9(3):17.DOI:10.3969/j.issn.1674-8484.2018.03.001.

[5] 阮次山.1993: 中美智斗"银河号" [J]. 全国新书目，2004(3):34-36.

[6] 满莉，常壮，刘强. "星链"驰援乌克兰战场，透明世界与有限太空战 [J]. 国际太空，2022(5):32-34.

[7] 金舰，季红妍，王宇坤. "手机直连卫星"产业现状及监管启示 [J]. 通信世界，2024(8):11-13.

[8] 禹华钢，方子希. 低轨卫星互联网：发展、应用及新技术展望 [J]. 无线电工程，2023,53(11):2699-2707.

[9] 王永生. 一箭七星！中关村科学城企业银河航天通信卫星成功发射 [J]. 中关村，2022(4):10.

[10] 李雨凌. 卫星互联网产业链分析及发展趋势研判 [N]. 中国计算机报，2023-03-06(008).DOI:10.28468/n.cnki.njsjb.2023.000038.

[11] 穆尔. 竞争的衰亡——商业生态系统时代的领导与战略 [M]. 梁骏，译. 北京：北京出版社，1999.

[12] 中国经济时报社，国研经济研究院. 中国智能交通产业生态发展战略研究 [R]. 北京：中国经济时报社，2022.

[13] 工业互联网产业联盟，中国信息通信研究院. 工业互联网综合知识读本 [M]. 北京：电子工业出版社，2019.

[14] 顾大松. 智能网联汽车发展 亟待国家立法支持 [N]. 中国交通报，2023-07-04.https://www.zgjtb.com/2023-07/04/content_363385.html

[15] 张韬略，钱榕. 迈入无人驾驶时代的德国道路交通法——德国《自动驾驶法》的探索与启示 [J]. 德国研究，2022(1):100.

[16] 杨梦露. 无人驾驶汽车交通事故侵权责任认定之法律困境及立法建议 [J]. 人民论坛·学术前沿，2020, (8): 124-127.

[17] 牛志升，SHERMAN SHEN, 张钦宇，等. 面向沉浸式体验的空天地一体化车联网体系架构与关键技术 [J]. 物联网学报，2017,1(2):17-27.

[18] LIU Y, ZHANG H, ZHOU H, et al. User association, subchannel and power allocation in space-air-ground integrated vehicular network with delay constraints[J]. IEEE

Transactions on Network Science and Engineering, 2022, 10(3): 1203-1213.

[19] CHUKWU E C, ABDULLAHI U S, KOYUNLU G, et al. Gangfada Performance Evaluation of Multiplexed 5G-New Radio Network Services of Different Usage Scenarios,2020[C].India:5th International Conference on Communication and Electronics Systems (ICCES),335-342.

[20] 郎平, 田大新. 面向 6G 的车联网关键技术 [J]. 中兴通信技术 ,2021,27(2):13-16.

[21] ZIU Z, SHEN X. S, ZHANG Q, et al. Tang.Space-air-ground integrated vehicular network for connected and automated vehicles: Challenges and solutions[J].in Intelligent and Converged Networks, 2020,7(9):142-169.

[22] CASONI M, GRAZIA C A, KLAPEZ M, et al. Integration of satellite and LTE for disaster recovery[J]. IEEE Communications Magazine, 2015, 53(3): 47-53.

[23] ZHANG N , ZHANG S , YANG P ,et al.Software Defined Space-Air-Ground Integrated Vehicular Networks: Challenges and Solutions[J].IEEE Communications Magazine, 2017, 55(7).DOI:10.1109/MCOM.2017.1601156.

[24] LIU J, SHI Y, FADLULLAH Z M, et al. Space-air-ground integrated network: A survey[J]. IEEE Communications Surveys & Tutorials, 2018, 20(4): 2714-2741.

[25] 沈学民, 承楠, 周海波, 等. 空天地一体化网络技术：探索与展望 [J]. 物联网学报 ,2020,4(3):3-19.

[26] 张晓凯, 郭道省, 张邦宁. 空天地一体化网络研究现状与新技术的应用展望 [J]. 天地一体化信息网络 ,2021,2(4):19-26.

[27] LIOLIS K , SCHLUETER G , KRAUSE J ,et al. Cognitive radio scenarios for satellite communications: the CoRaSat approach [C]// 2013 Future Network and Mobile Summit. IEEE, 2013: 1-10.

[28] European Union. Shared access terrestrial-satellite backhaul network enabled by smart antennas[EB/OL].(2015-02-01)[2018-01-31].https://cordis.europa.eu/project/id/645047.

[29] European Union. Virtualized hybrid satellite-Terrestrial systems for resilient and flexible future networks[EB/OL].(2015-02-01)[2017-08-31]. https://cordis.europa.eu/project/id/644843.

[30] 赵亚军, 郁光辉, 徐汉青 .6G 移动通信网络：愿景、挑战与关键技术 [J]. 中国科学 F 辑 ,2019,49(8):963-987.

[31] RUIZ D A J A , CALVERAS A , CAMPS A .Internet of Satellites (IoSat): Analysis of Network Models and Routing Protocol Requirements[J].IEEE Access, 2018, 6:1-1. DOI:10.1109/ACCESS.2018.2823983.

[32] TANG F, HOFNER H, KATO N, et al. A deep reinforcement learning-based dynamic traffic offloading in space-air-ground integrated networks (SAGIN)[J]. IEEE Journal on Selected Areas in Communications, 2021, 40(1): 276-289.